Auf die Schnelle

Adobe Photoshop Elements 9 ganz leicht

Gabriele Frankemölle

DATA BECKER

Copyright	© DATA BECKER GmbH & Co. KG Merowingerstr. 30 40223 Düsseldorf
Reihenkonzeption	Peter Meisner
Produktmanagement	Peter Meisner
Umschlaggestaltung	Inhouse-Agentur DATA BECKER
Layout	Jana Scheve
Textbearbeitung und Gestaltung	Thorsten Schlosser, Kreuztal (www.buchsetzer.de)
Produktionsleitung	Claudia Lötschert
Druck	fgb • freiburger graphische betriebe (www.fgb.de)

ISBN 978-3-8158-1768-1

Wichtiger Hinweis

Die in diesem Buch wiedergegebenen Verfahren und Programme werden ohne Rücksicht auf die Patentlage mitgeteilt. Sie sind für Amateur- und Lehrzwecke bestimmt.

Alle technischen Angaben und Programme in diesem Buch wurden vom Autor mit größter Sorgfalt erarbeitet bzw. zusammengestellt und unter Einschaltung wirksamer Kontrollmaßnahmen reproduziert. Trotzdem sind Fehler nicht ganz auszuschließen. DATA BECKER sieht sich deshalb gezwungen, darauf hinzuweisen, dass weder eine Garantie noch die juristische Verantwortung oder irgendeine Haftung für Folgen, die auf fehlerhafte Angaben zurückgehen, übernommen werden kann. Für die Mitteilung eventueller Fehler ist der Autor jederzeit dankbar.

Wir weisen darauf hin, dass die im Buch verwendeten Soft- und Hardwarebezeichnungen und Markennamen der jeweiligen Firmen im Allgemeinen warenzeichen-, marken- oder patentrechtlichem Schutz unterliegen.

Inhalt

1. So kommen die Fotos von der Digitalkamera schnell und einfach in den Rechner

Das Ereignis ist vorbei, die Aufnahmen sind „im Kasten“. Mithilfe von Photoshop Elements kopieren Sie Fotos und Videos bequem in den Rechner, um sie zu sichten, weiterzubearbeiten oder zu verschicken.

Die Bilder sind auf der Speicherkarte – was nun?

1 Verbinden Sie die Kamera mit dem PC. Üblicherweise geschieht das über ein mitgeliefertes USB-Kabel. Schalten Sie die Kamera ein. Auch möglich: Nehmen Sie die Speicherkarte aus der Kamera und stecken Sie sie in das Kartenlesegerät Ihres PCs.

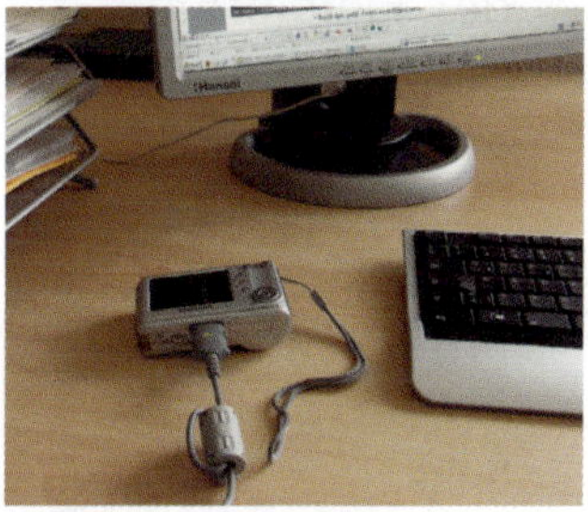

2 Sobald der PC das angeschlossene Gerät erkennt, klicken Sie im Windows-Bedienfeld *Automatische Wiedergabe* auf den Punkt *Organisieren und Bearbeiten mit Adobe Elements Organizer 9.0*. Bestätigen Sie mit *OK*, um den Download zu starten. Setzen Sie außerdem oben per Klick einen Haken bei *Immer für Bilder durchführen*, damit Sie diesen Schritt demnächst überspringen können.

3 Ohne dass Sie Photoshop Elements extra starten müssen, meldet sich der Foto-Downloader des Programms. Er erkennt Kamera oder Lesegerät (1) und lädt trotz seines Namens automatisch auch Audio- und Videodateien. Bei *Importeinstellungen* (2) finden Sie die Vorgaben für Speicherort (*Pfad*) und Dateibenennung – hier zunächst in der kleinformatigen Standardansicht. Für exakteres Einstellen wählen Sie besser *Erweitertes Dialogfeld* (3) unten links.

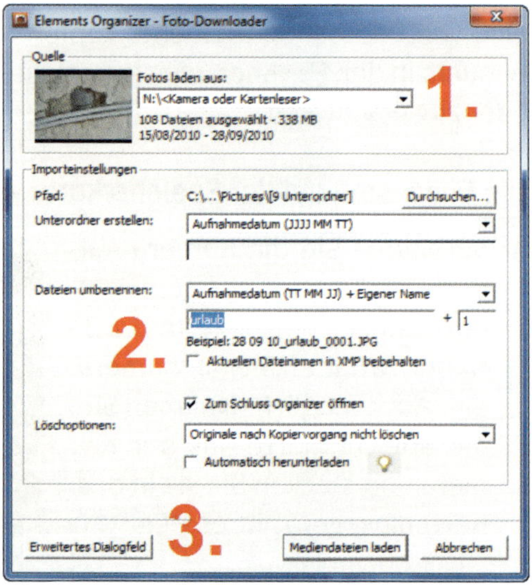

Alles einlesen oder lieber vorsortieren?

Beim schnellen Klick auf *Mediendateien laden* schaufelt der Downloader sämtliche auf der Kamera/Speicherkarte vorhandenen Daten auf die Festplatte. Möchten Sie vorsortieren und unbrauchbare Fotos vom Import ausschließen, wählen Sie in jedem Fall *Erweitertes Dialogfeld*.

4 Hat der Downloader die Bildquelle richtig erkannt (1), erscheinen im Vorschaubereich des erweiterten Dialogfeldes die Bildminiaturen (2). Mit den Bedienelementen unter dem Fenster (3) drehen Sie Quer- auf Hochformate oder markieren sämtliche Fotos bzw. heben die Markierung aller auf.

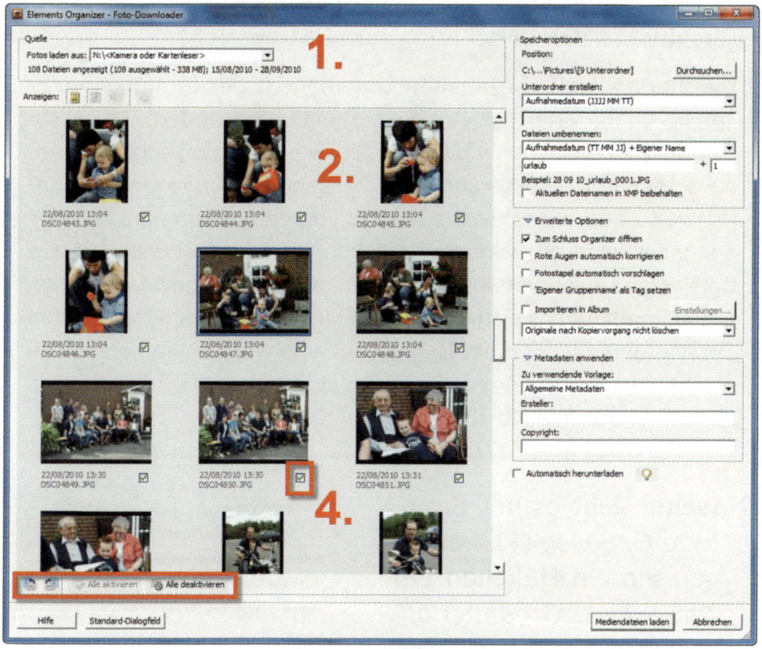

Ansonsten setzen Sie gezielt bei Fotos, die Sie importieren möchten, einen Klick ins entsprechende Kästchen (4).

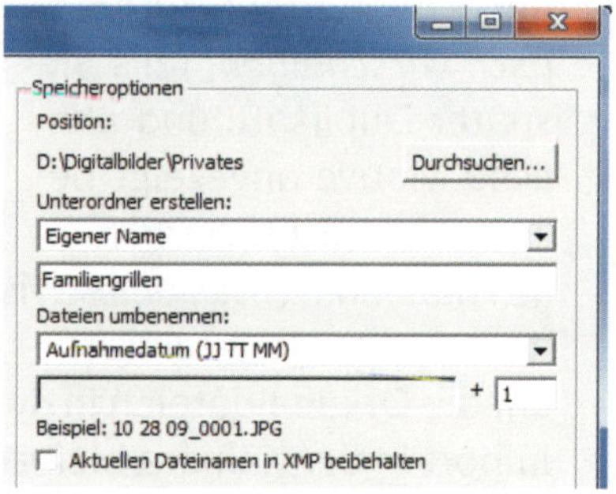

5 Schauen Sie jetzt auf die rechte Seite des Downloader-Bedienfensters, um den Speicherort für die Bilder festzulegen. Über *Durchsuchen* stellen Sie einen Hauptordner fest ein (hier *Digitalbilder/Privates*). Über den Befehl *Unterordner erstellen* und *Eigener Name* entsteht dann pro Importvorgang ein neuer Unterordner – in unserem Fall haben wir ihn „Familiengrillen“ genannt.

Geschickte Namensgebung schafft Übersicht

Die automatisch vergebenen Dateinamen der Digitalkameras *(img00897.jpg* oder *pic_600054.jpg*) sind alles andere als aussagekräftig. Den Überblick behalten Sie, wenn Sie sich angewöhnen, neue Bilder in datierte und/oder passend benannte Unterordner (*Mallorca2009*, *Einschulung_Jan*) zu sortieren. Auch eine Umbenennung ist sinnvoll, wenn Sie in Zukunft gleich beim Blick auf den Dateinamen erkennen wollen, um welche Bildergruppe oder welches Aufnahmedatum es sich handelt. Wählen Sie also zum Beispiel bei *Dateien umbenennen* ein Namensschema wie Aufnahmedatum + eigener Name + Nummer. Ergebnis: ein besser verständlicher Dateiname wie z. B. 2010_09_20_grillfest23.

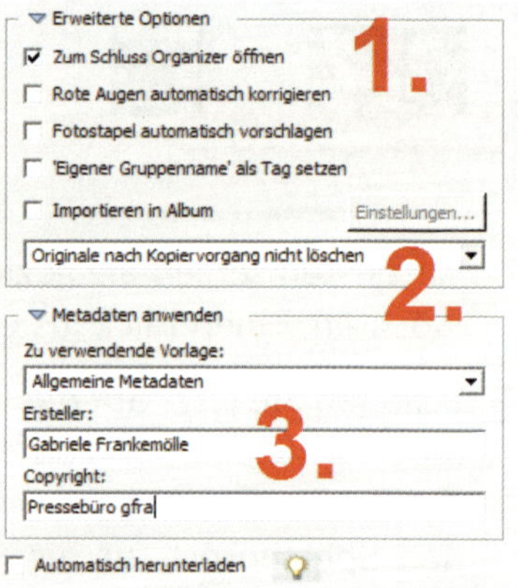

6 Weiter geht es mit *Erweiterte Optionen* (1), bei denen Sie ein Häkchen bei *Zum Schluss Organizer öffnen* setzen, um nach dem Import die Bilder genauer zu betrachten. Sinnvoll ist auch *Fotostapel automatisch vorschlagen*, falls Sie später Duplikate und ähnliche Motive angezeigt bekommen möchten. *Rote Augen automatisch korrigieren* ist dagegen ein Spezialverfahren, das – außer bei Porträts – viel Zeit kostet. Bei 2 geht es um die Originaldateien in der Kamera: Sollen sie nach dem Import in der Kamera bleiben oder gelöscht werden? Bei 3 haben Sie zudem die Möglichkeit, sich als Urheber zu vermerken und einen (unsichtbaren) Copyright-Hinweis in die Metadaten der Fotos einzutragen.

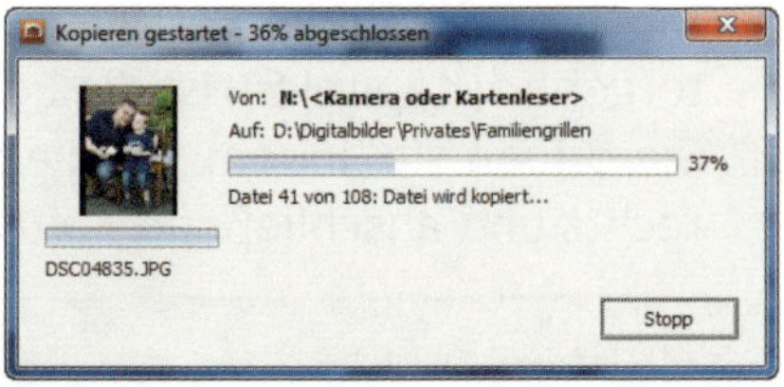

7 Alles eingetragen? Bestätigen Sie mit *Mediendateien laden*, und der Downloader kopiert die Bilder in den in Schritt 5 bestimmten Zielordner. Dieser Vorgang kann je nach Bilderanzahl und PC-Geschwindigkeit eine Weile dauern – starten Sie in der Zwischenzeit einfach ein anderes Programm und arbeiten Sie dort weiter. Spiele spielen geht natürlich auch!

8 Haben Sie ein Häkchen bei *Zum Schluss Organizer öffnen* gesetzt, startet Photoshop Elements nach dem Importvorgang und zeigt Ihnen die neu eingelesenen Fotos in der Organizer-Ansicht. Dieser Arbeitsbereich – vor allem der Fotobrowser-Bereich (1) – erleichtert Ihnen das Ordnen und Ablegen der Bilder (Kapitel 2).

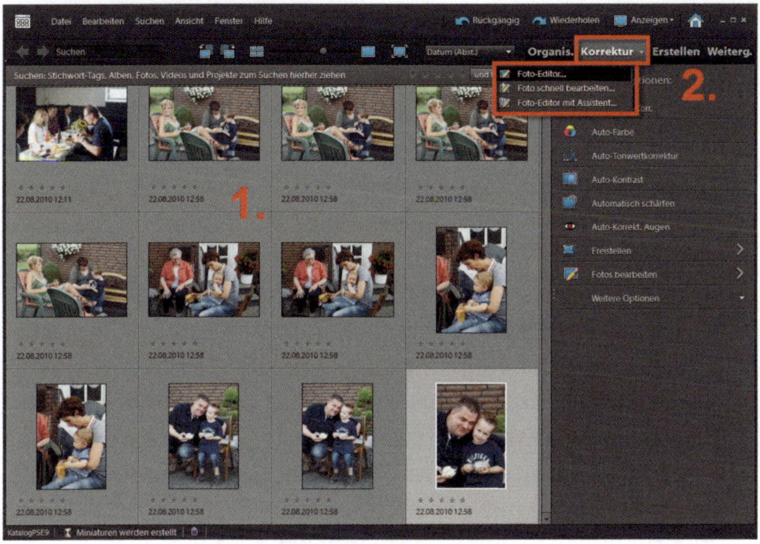

Möchten Sie Bilder korrigieren (Kapitel 3 und 4) oder weitergeben (Kapitel 5), ist die Editor-Ansicht besser geeignet. Sie öffnen sie, indem Sie die Schaltfläche *Korrektur* oben rechts und anschließend *Foto-Editor* anklicken (2).

Kein Menüpunkt Editor zu sehen?

Wenn Sie Photoshop Elements zum ersten Mal starten, sehen Sie möglicherweise noch keine Umschaltfunktion zum Arbeitsbereich Editor. Klicken Sie dann im Menü *Bearbeiten/Voreinstellungen/Bearbeiten* und setzen Sie ein Häkchen bei *Photoshop Elements Optionen anzeigen*.

Was tun, wenn der Downloader nicht startet

Wie bei Radio Eriwan: „Im Prinzip" startet der Downloader automatisch. Tut er es einmal doch nicht, kontrollieren Sie folgende Punkte:

- Haben Sie Kamera/Kartenlesegerät/Fotohandy korrekt mit dem PC verbunden?
- Sind die Geräte eingeschaltet?
- Haben Sie versehentlich den Elements-Autostart ausgeschaltet oder zwischenzeitlich eine andere Anwendung zum Herunterladen von Fotos verwendet? Dann müssen Sie unter Windows Vista/XP die Verknüpfung erneut herstellen, indem Sie im Windows Explorer *Arbeitsplatz* und im Kontextmenü des entsprechenden Wechseldatenträgers *Eigenschaften* wählen. Auf der Registerkarte *AutoPlay* und *Durchzuführende Aktion auswählen* können Sie anschließend erneut Photoshop Elements Organizer 9 als Standardanwendung festlegen. Unter Windows 7 klicken Sie im Windows-Explorer die Kamera mit der rechten Maustaste an und wählen den Punkt *Automatische Wiedergabe öffnen.*

- Wenn Sie den Organizer-Arbeitsbereich von Photoshop Elements bereits geöffnet haben, erscheint der Downloader nicht automatisch. Starten Sie ihn dann manuell mit dem Befehl *Datei/Fotos und Videos laden/Aus Kamera oder Kartenleser*.

Es geht auch ohne den Elements-Downloader

Alternativ zum Elements-Downloader können Sie selbstverständlich die mitgelieferte Verbindungssoftware Ihrer Kamera oder Ihres Mobiltelefons nutzen, falls die Ihnen vertrauter ist. Dann müssen Sie in Schritt 2 oben Ihre eigene Anwendung angeben, damit die Bilder zunächst in einen beliebigen Ordner auf die Festplatte geladen werden. Innerhalb von Elements öffnen Sie diese Bildersammlung dann, indem Sie *Datei/Fotos und Videos laden/Aus Dateien und Ordnern* wählen und über *Durchsuchen* zum entsprechenden Speicherort auf Ihrem PC wechseln.

Schnelles Einlesen und Ablegen für Fortgeschrittene

Keine Sorge – Sie müssen nicht jedes Mal fünf oder sechs Schritte ausführen und Speicherorte bzw. Ordnernamen festlegen, um Ihre Bilder einzulesen. Es reicht, ein einziges Mal die passenden Voreinstellungen für den automatischen Download festzulegen:

1. Öffnen Sie Photoshop Elements in der Organizer-Ansicht. Wählen Sie im Menü *Bearbeiten/Voreinstellungen/Kamera oder Kartenleser*.

2. Geben Sie bei 1 Ihren Standardspeicherort an, bei 2 Ihre Download-Details. Wichtig ist der Punkt *Ladevorgang beginnen* – geben Sie hier einige Sekunden „Verzögerung“ vor, wenn Sie doch noch die Möglichkeit haben möchten, manuell einzugreifen. Bestätigen Sie mit *OK*.

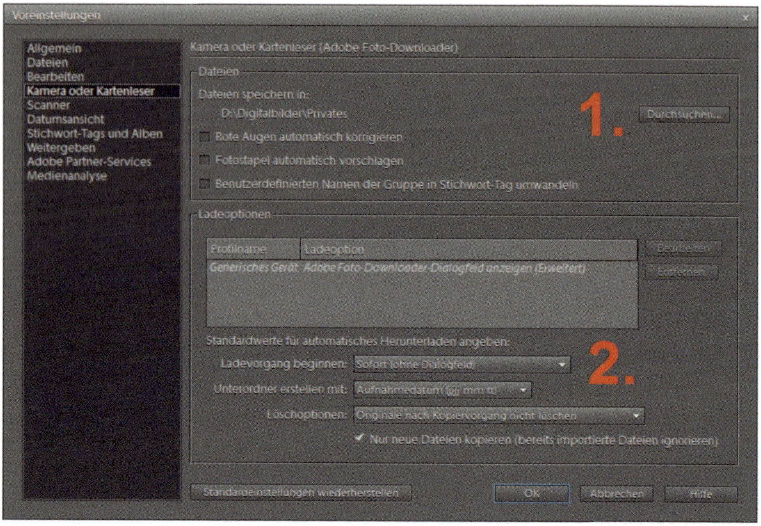

3 Wenn Sie jetzt eine Kamera oder ein Kartenlesegerät anschließen, reichen zwei Klicks, um den Download mit den oben bestimmten Einstellungen zu starten: einer bei *Automatisch herunterladen*, der andere bei *Mediendateien laden*. Zu *Erweitertes Dialogfeld* wechseln Sie nur bei Bedarf.

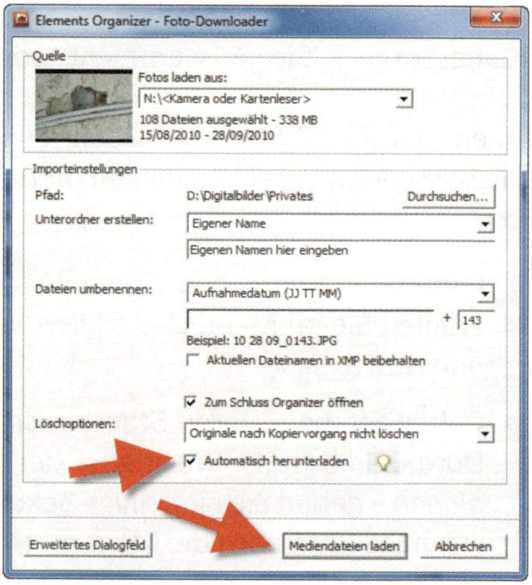

Papier zu Pixel: Bilder richtig einscannen

Vermutlich schlummern in Ihren Schubladen oder Fotoalben viele alte Papierbilder. Möchten Sie diese mit Photoshop Elements am Rechner bearbeiten oder in Ihren Bildprojekten verwenden, müssen Sie sie digitalisieren, sprich einscannen.

1 Starten Sie Photoshop Elements in der Organizer-Ansicht und geben Sie einmal Ihre Grundeinstellungen vor, indem Sie bei *Bearbeiten/Voreinstellungen/Scanner* (**1**) den Speicherort für Ihr Dokument festlegen. Bei *Speichern als: Qualität* (**2**) hat sich *12 (Maximal)* bewährt, damit möglichst viele Details erfasst werden – Dateigrößen verkleinern können Sie später immer noch.

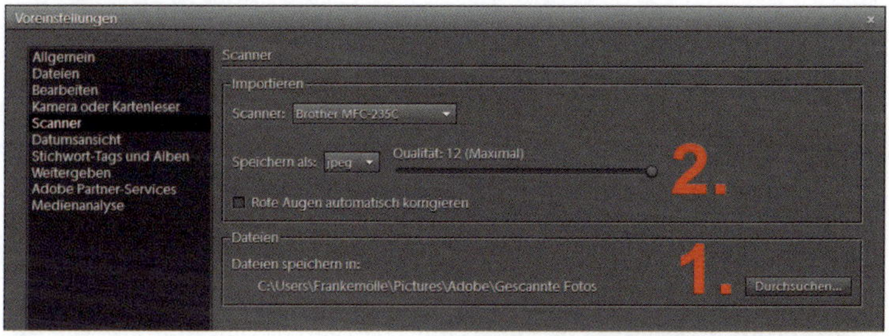

2 Legen Sie die Vorlage in den Scanner ein (möglichst gerade, das spart zeitaufwendige Nachbearbeitung) und schließen Sie den Deckel.

3 Wählen Sie *Datei/Fotos und Videos laden/Vom Scanner* im Menü oder drücken Sie auf der Tastatur Strg+U.

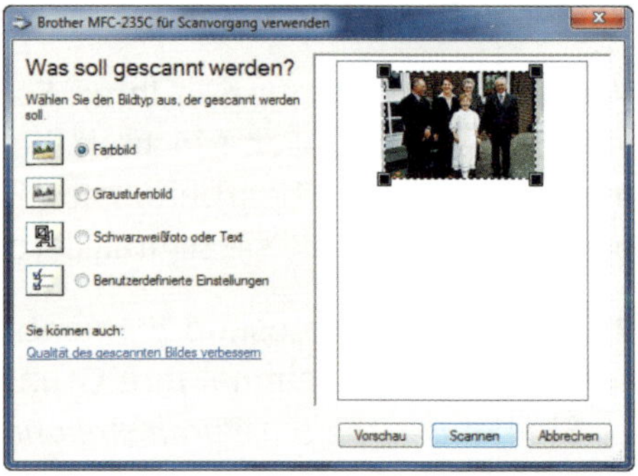

4 Je nach Scannersoftware meldet sich der Scanner mit einem Vorschaubild und der Frage nach der Qualitätsstufe sowie dem richtigen Bildausschnitt. Wählen Sie den passenden Bildtyp (Farbe, Graustufen oder Schwarz-Weiß), verschieben Sie mit gedrückter Maustaste die Begrenzungslinien und bestätigen Sie mit *Scannen*.

Das gescannte Bild öffnet sich wiederum in der Organizer-Ansicht von Photoshop Elements.

Mehrere Fotos auf einmal scannen

Sparen Sie sich Mehrfacharbeit und legen Sie gleich mehrere Fotos auf den Scanner. Solange diese klar getrennt sind (sich also nicht überlappen), splitten Sie sie später im Editor-Arbeitsbereich mit dem Befehl *Bild/Gescannte Fotos teilen* in Einzeldateien auf. Praktisch!

Bei Anruf Bild: Handyfotos in den PC bekommen

Fototausch zwischen Handy und Computer? Kein Problem. Auch hier nimmt Ihnen der Adobe Downloader einen Großteil der Arbeit ab.

1 Verbinden Sie Ihr Mobiltelefon und den PC mit einem Datenkabel oder per Bluetooth/Infrarot. Schalten Sie das Handy ein.

2 Besitzen Sie ein Nokia-Handy, öffnet sich das Downloader-Fenster automatisch. Genauso ist es, wenn die Bilder im Mobiltelefon auf einer Speicherkarte (Flash- oder Memory-Karte) gespeichert sind. Den folgenden Importdialog kennen Sie schon von Ihrer Digitalkamera: Legen Sie Speicherort, Unterordner sowie Namensgebung fest und bestätigen Sie mit *Fotos laden*. Die eingelesenen Fotos öffnen sich zur weiteren Sichtung in der Organizer-Ansicht von Elements.

3 Bei allen anderen Geräten/Speicherverfahren überspielen Sie die Aufnahmen zunächst per USB-Kabel oder drahtlos (Bluetooth, Infrarot) in einen beliebigen Ordner auf Ihrer PC-Festplatte. Um sie anschließend im Elements-Organizer zu sehen, wählen Sie *Datei/Fotos und Videos laden/Aus Dateien und Ordnern* und klicken sich zum entsprechenden Speicherort durch.

Kein Datenkabel oder sonstiger Empfänger vorhanden?

Dann bekommen Sie die Fotos nur über einen kleinen Umweg auf den PC: Schicken Sie die Bilder vom Mobiltelefon per E-Mail an Ihre eigene E-Mail-Adresse. Sind die Fotos in Ihrem E-Mail-Progamm angekommen, speichern Sie sie auf die Festplatte. Anschließend öffnen Sie sie in Photoshop Elements über den Befehl *Datei/Fotos und Videos laden/Aus Dateien und Ordnern*. Vorsicht: Das Bilderschicken per E-Mail eignet sich bei den zum Teil erheblichen Gebühren der Mobilfunkanbieter nicht für große Bildersammlungen!

Auf die Schnelle: die besten Tipps und Tricks

Organizer ... Editor? – Ich versteh nur Bahnhof!

Die „Arbeitsteilung“ Organizer – Editor ist für Elements-Neulinge vielleicht am Anfang verwirrend. Dabei steckt ein einfaches Prinzip dahinter: Der Organizer ist der passende Arbeitsplatz, wenn es darum geht, Fotos oder Videos zu sichten, zu sortieren oder weiterzugeben. Im Editor erledigen Sie dagegen die eigentliche Bildbearbeitung, also Korrekturen an Fotos, das Zusammenstellen von Montagen, das Beschriften. Keine Sorge: Meistens öffnet sich der passende Spezialarbeitsplatz automatisch, wenn Sie eine Aufgabe im Palettenbereich rechts auswählen. Falls nicht, finden Sie oben rechts in den Fenstern das Haussymbol. Es führt Sie zur Startseite und zu einer der Umschaltmöglichkeiten zwischen Editor und Organizer.

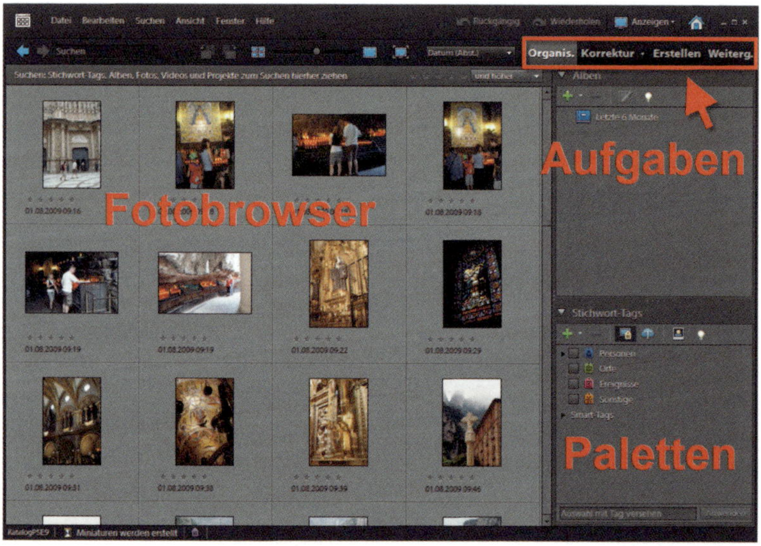

In der Abbildung sehen Sie die Arbeitsoberfläche des Organizers: oben das Menü, links der Fotobrowser mit den Bildminiaturen, rechts oben die anwählbaren Aufgabenregisterkarten und darunter der Palettenbereich.

Kontrast der Arbeitsumgebung verändern?

Auf der netten, dunklen Arbeitsoberfläche von Photoshop Elements kommen Ihre Fotos gut zur Geltung. Viele Nutzer arbeiten jedoch lieber (wie von anderen Programmen her gewohnt) schwarz auf weiß. Gehören Sie auch dazu, so konnten Sie noch in PSE 8 im Fenster *Bearbeiten/Voreinstellungen/Allgemein* bei *Benutzeroberflächenoptionen* zwei Klicks bei *Hell* setzen. Das ist jetzt leider nicht mehr möglich – das dunkle Grau und die Schriftgrößen lassen sich nicht ändern.

Den Start-Bildschirm abstellen?

Der Begrüßungsbildschirm von Photoshop Elements bietet Ihnen bei jedem Programmstart Zugriff auf die beiden Hauptfunktionsbereiche des Programms – *Organisieren* und *Bearbeiten*. Klicken Sie oben rechts auf das Optionensymbol (1), haben Sie zudem die Möglichkeit, bei 2 festzulegen, welcher Arbeitsbereich sich danach automatisch öffnet.

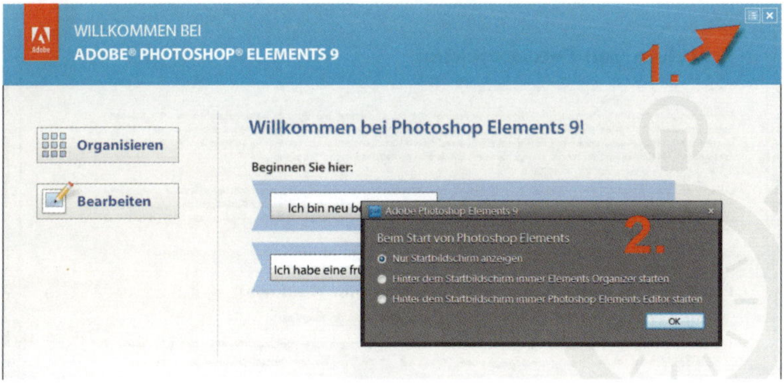

Möchten Sie den Startbildschirm ganz übergehen, suchen Sie im Windows Explorer den Installationsordner des Programms und erstellen Sie mit Rechtsklicks auf die Dateien *PhotoshopElementsOrganizer.exe* und *PhotoshopElementsEditor.exe* Verknüpfungen. Wenn Sie diese Symbole auf dem Desktop ablegen, lassen sich Organizer und Editor separat starten. Hin- und herwechseln zwischen den Arbeitsbereichen geschieht über die Aufgabenleiste rechts oben.

Wo ist das Handbuch?

Kurzum: Es gibt keines. Photoshop Elements liegt lediglich ein dünnes Heftchen mit „ersten Schritten“ bei. Und die programminterne Hilfe (zu erreichen über *Hilfe/Photoshop Elements-Hilfe* oder F1 im Menü) schafft nur Abhilfe, wenn Sie über einen Onlineanschluss verfügen und damit zu den ausführlichen Anleitungen im Internet gelangen.

2. Bilder & Fotos perfekt sortieren, organisieren und komfortabel sichern

Kampf der Bilderflut: Damit Ihre Fotosammlung nicht ausufert, sorgen Sie am besten von vornherein für Ordnung. Der Organizer-Arbeitsbereich von Photoshop Elements ist das Hilfsmittel der Wahl, wenn es darum geht, Fotos und Videos zu sichten und zu sortieren. Frisch eingelesene Dateien öffnen sich daher praktischerweise in dieser Ansicht (falls Sie das im Downloader eingestellt haben). Ansonsten starten Sie den Organizer mit einem Klick auf *Organisieren* im Startbildschirm.

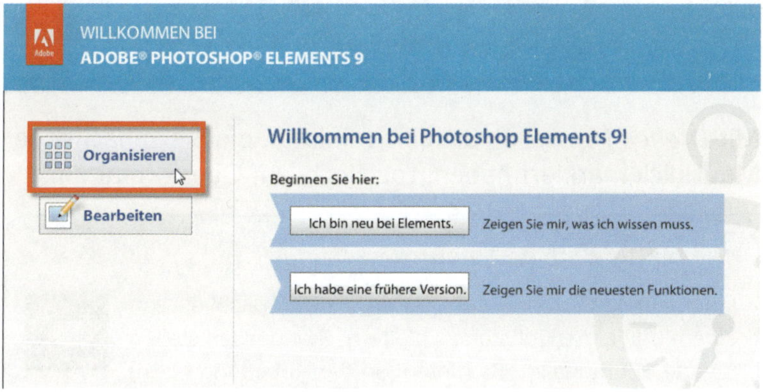

Schneller Überblick: Bilder sichten und drehen

Der Fotobrowser (1) ist das große Sammelbecken Ihrer Bilder. Die gerade mit dem Downloader eingelesenen Dateien – die neusten zuerst, die älteren darunter – landen hier. Kehren Sie die Reihenfolge um, indem Sie auf *Datum (Abst.)* (2) klicken, oder stellen Sie nach Belieben die Größe der Vorschaubilder mit dem Schieberegler (3) kleiner oder größer ein, damit Sie die Aufnahmen besser beurteilen können.

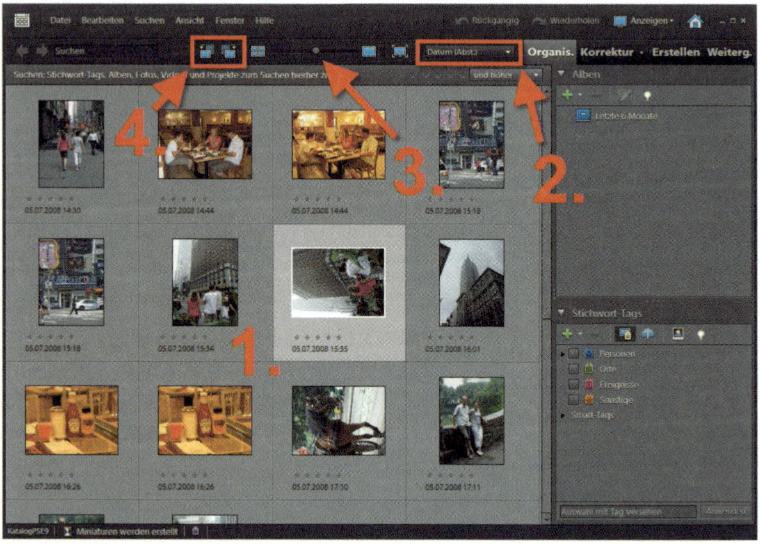

Mit *Drehen* (**4**) stellen Sie eine Miniatur, die Sie zunächst per Mausklick markiert haben, von Hoch- auf Querformat um.

Wie blättere ich im Fotobrowser?

Innerhalb des Fotobrowsers gibt es keine Möglichkeit, von einem Bild zum nächsten zu blättern. Stattdessen stellen Sie die Thumbnailgröße (unter **3** in der Abbildung oben) auf *maximal* und rollen von Bild zu Bild nach unten. Oder benutzen Sie die Vollbildansicht, zu der Sie per Klick auf das entsprechende Symbol gelangen.

Möchten Sie nicht nur die gerade eingelesenen Fotos im Organizer sichten, sondern auch die Bilder eines anderen (älteren) Verzeichnisses, wechseln Sie die Ansicht bei *Anzeigen* (**1**). Klicken Sie hier beispielsweise auf *Pfad*, erscheint links (**2**) ein Verzeichnisbaum, den Sie so sicherlich schon von Windows kennen. Hangeln Sie sich dort zum passenden Ordner und klicken Sie ihn mit der rechten Maustaste an. Wählen Sie *Nicht verwaltete Dateien zu Katalog hinzufügen*, sehen Sie den Ordnerinhalt im Fotobrowser (**3**).

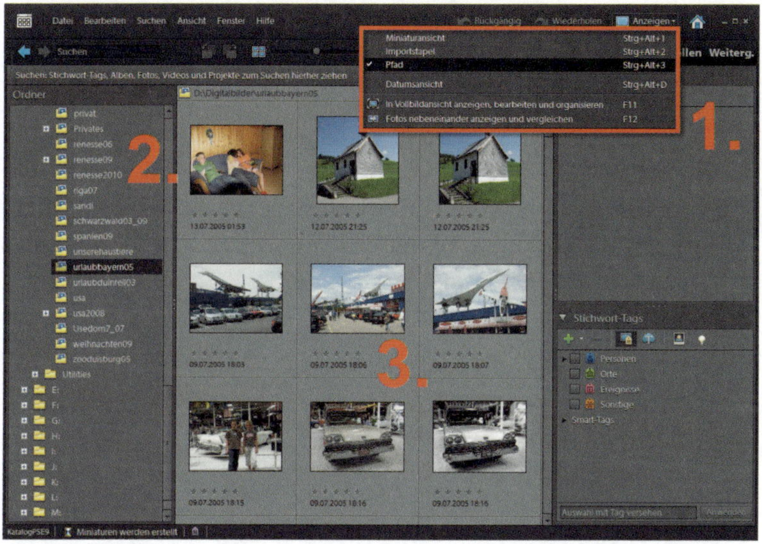

Photoshop Elements zeigt mir gar nicht alle Bilder!

Verwechseln Sie Photoshop Elements nicht mit einem Bildbetrachter, der sämtliche Bilder auf der Festplatte ohne Weiteres wiedergibt. Das Programm zeigt nur Bilddateien, die Sie explizit in den Katalog aufgenommen haben (s. o.). Haben Sie einen Ordner noch nicht importiert oder die Fotos mit einem anderen Programm eingelesen, werden dessen Bilder nicht angezeigt. Dass ein Ordner bereits erfasst wurde, erkennen Sie am Fotosymbol.

Mehr Übersicht: Fotos zu Stapeln zusammenlegen

Wenn Sie beim Einlesen nicht vorsortiert, sondern sämtliche Bilder importiert haben (siehe Seite 8), enthält der Fotobrowser unter Umständen viele Motive, die Sie „sicherheitshalber" mehrfach aufgenommen haben. Lösung: Fassen Sie diese zu Stapeln zusammen. Das ist ein rein organisatorischer Vorgang, durch den Sie die Zahl der angezeigten Miniaturen verringern. Es wird nichts gelöscht!

1 Um Stapel ähnlicher Fotos zu bilden, halten Sie die Taste [Strg] gedrückt und markieren per Mausklick die Motive, die Sie zusammenlegen wollen. Wählen Sie mit der rechten Maustaste aus dem Kontextmenü *Stapel/Ausgewählte Fotos stapeln*.

2 Im Fotobrowser wird der neue Stapel durch das Stapelsymbol (1) gekennzeichnet. Durch einen Klick auf den kleinen Pfeil (2) zeigen Sie die enthaltenen Bilder an.

3 Weitere Stapelbefehle (zum Beispiel *Stapel aufheben*, *Foto aus Stapel entfernen*) stehen Ihnen nach einem Rechtsklick im Kontextmenü zur Verfügung. Dazu muss ein Stapel oder ein Einzelbild eines Stapels markiert sein.

Schon beim Importieren: automatische Stapel bilden

Setzen Sie schon beim Importieren von Fotos mit dem Downloader (erweitertes Dialogfeld) einen Klick bei *Erweiterte Optionen/Fotostapel automatisch vorschlagen*, damit ähnliche Motive zu einem Stapel zusammengefasst werden. Oder markieren Sie mit [Strg]+[A] im Fotobrowser zum Beispiel alle Bilder eines Ordners und wählen Sie aus dem Kontextmenü (rechte Maustaste) *Stapel/Fotostapel automatisch vorschlagen*.

And the winner is: mehrere Fotos vergleichen und bewerten

Vergleichen Sie Ihre Fotoduplikate im Detail und finden Sie die beste Aufnahme:

1 Halten Sie die Strg-Taste gedrückt und markieren Sie im Fotobrowser mit Mausklicks die Fotos, die Sie vergleichen wollen. Die Miniaturen erscheinen nun hellgrau unterlegt.

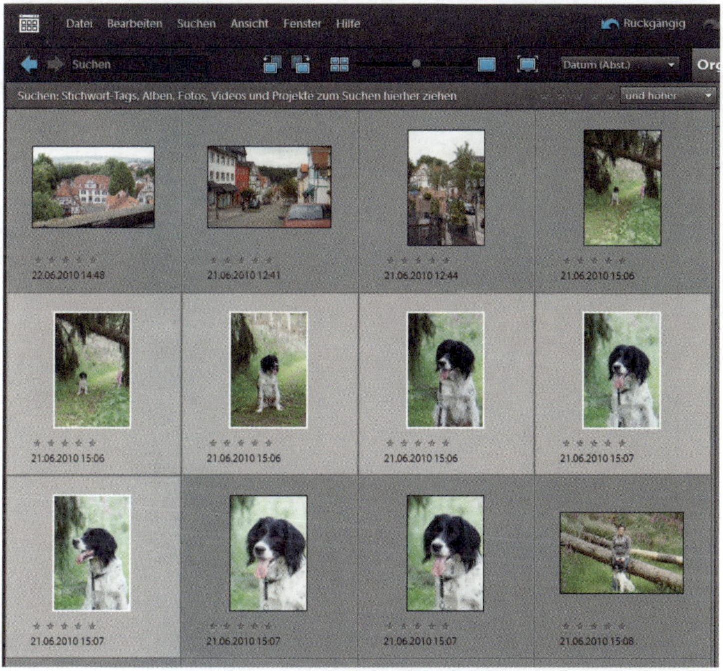

2 Wählen Sie im Menü *Anzeigen/Fotos nebeneinander anzeigen und vergleichen* oder drücken Sie auf der Tastatur F12.

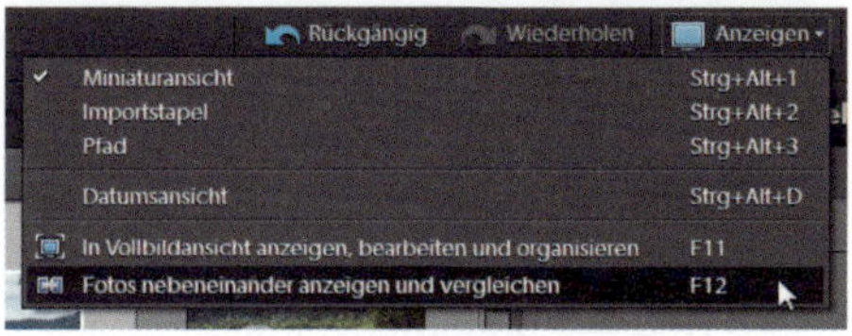

3 Alle sonstigen Bedienelemente verschwinden, Sie sehen auf dem Bildschirm nur noch die ersten beiden der ausgewählten Fotos (**1**) sowie eine Steuerungsleiste (**2**). Sie verschwindet nach ein paar Sekunden, erscheint aber sofort wieder, wenn Sie die Maus in diesen Bereich bewegen. Springen Sie von einem Einzelbild zum nächsten über die Pfeiltasten unten links (**3**). Hinter den schmalen Balken links (**4**) verbergen sich zudem Werkzeuge zur Bildbearbeitung und Organisation, die ausklappen, wenn Sie mit der Maus darüberfahren.

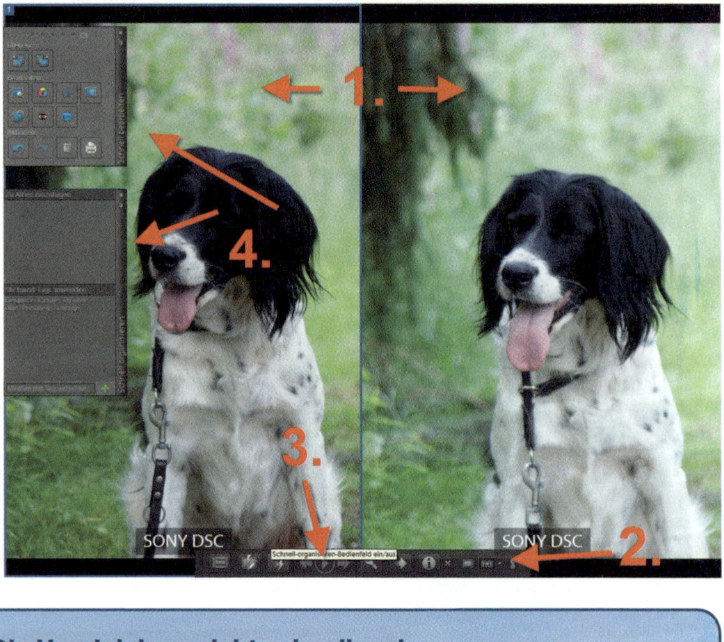

Die Vergleichsansicht schnell verlassen

... können Sie mit der Taste [Esc]. Mit [F11] schalten Sie um zur Vollbildansicht, bei der Sie immer nur ein Foto im Maximalformat sehen. Auch hier steht Ihnen die Steuerungsleiste oben mit ihren Befehlen und Bearbeitungsmöglichkeiten zur Verfügung.

4 Die beste Aufnahme gefunden? Geben Sie ihr links oben in der Box *Schnell bearbeiten* vier oder fünf Sterne, um sie als gut zu kennzeichnen.

Sterne in der Miniaturansicht vergeben

Sie müssen nicht extra in die Vergleichsansicht wechseln, um Fotos mit Sternen zu bewerten. Setzen Sie über dem Fotobrowser-Fenster einen Klick bei *Details*, um die Bewertungsbox auch unter den einzelnen Thumbnails zu zeigen.

5 Eine unscharfe oder misslungene Aufnahme gefunden? Fahren Sie mit der Maus über den Balken *Schnell bearbeiten* und klicken Sie auf das Papierkorbsymbol (1). Entscheiden Sie sich, ob Sie nur die Miniaturansicht ausblenden oder die Originalaufnahme löschen wollen. Ist Letzteres der Fall, aktivieren Sie *Ausgewählte Elemente auch von der Festplatte löschen* und bestätigen mit *OK* (2). Dieses Löschen funktioniert natürlich auch in der „normalen“ Fotobrowseransicht nach einem Rechtsklick und mit der Funktion *Aus Katalog löschen*.

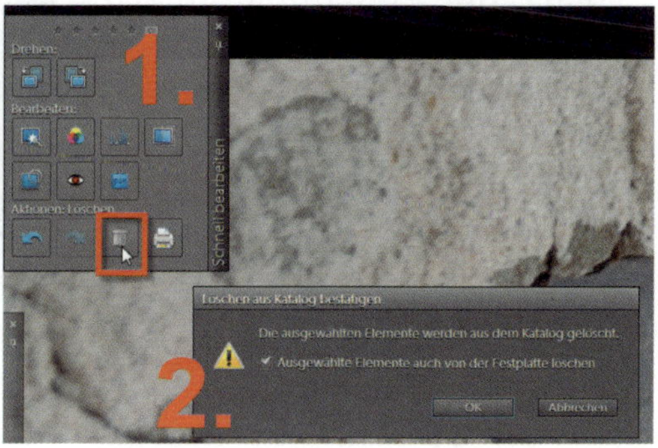

Von A bis Z: Schlagwörter festlegen, Sammlungen bilden

Die Bewertung mit Sternen ist nur eine Möglichkeit, mit Photoshop Elements Fotos zu kennzeichnen und sie damit besser auffindbar zu machen. Genauso können Sie ...

- manuell Schlagwörter (Tags) und Kategorien vergeben, nach denen Sie später Ihre Bilder suchen und sortieren,
- automatisch Eigenschaften und Schlagwörter zuordnen,
- Bildtitel festlegen, in denen Sie Fotos z. B. näher erläutern,
- Alben (Sammlungen) nach Themen und Projekten bilden, in denen Sie zusammengehörige Bilder zusammenfassen.

Manuell Schlagwörter und Kategorien erstellen und vergeben

1 Nehmen Sie sich einen Moment Zeit und überlegen Sie, welche Oberbegriffe zu Ihren Bildern passen. Photoshop Elements schlägt Ihnen *Personen*, *Orte*, *Ereignisse* und *Sonstige* vor, wie Sie im Bereich *Stichwort-Tags* unten links erkennen können.

2 Möchten Sie weitere Bezeichnungen oder weitere „Schubladen" (Kategorien) hinzufügen, klicken Sie auf das grüne Pluszeichen und anschließend auf *Neues Stichwort-Tag* bzw. *Neue Kategorie*, um einen Namen zu vergeben und ein Symbol zu wählen. Bestätigen Sie mit *OK*, und das neue Stichwort landet unter den anderen in der Liste.

3 Sie möchten eine eigene Kategorie (z. B. *Architektur*) mit Untergruppen (*Hochhäuser*, *Gärten*) versehen? Markieren

Sie die Obergruppe per Mausklick, klicken Sie auf das grüne Pluszeichen und wählen Sie diesmal *Neue Unterkategorie*.

4 Wenn Sie Ihre Schlagwörter und Kategorien angelegt haben, weisen Sie sie einzelnen Fotos zu. Dazu ziehen Sie einfach das Symbol (z. B. *Pferde*) aus dem Stichwort-Kasten rechts unten mit gedrückter Maustaste auf ein Pferdemotiv. Oder umgekehrt: Ziehen Sie die Bildminiatur mit gedrückter rechter Maustaste auf das Schlagwort. Natürlich können Sie dem Bild auf diese Weise mehrfache Oberbegriffe zuordnen – ein Bild kann also gleichzeitig zu *Pferde*, *Personen* und *Urlaub2010* gehören.

... das verschiebe nie auf morgen!

Am besten gewöhnen Sie sich an, die Bilder jedes Importvorgangs gleich zu bewerten und zu sortieren. Das sind nur wenige Minuten Arbeit – haben sich dagegen erst einmal Hunderte von Fotos im Fotobrowser angesammelt, ist der Aufwand ungleich höher!

Arbeitsersparnis: Fotos automatisch analysieren

Das Hauptmotiv eines Fotos kann Photoshop Elements (noch) nicht eigenständig erkennen, wohl aber Aufbau (einzelne oder mehrere Objekte, Gesichter) und Qualitätseigenschaften (hohe Auflösung, zu hell, zu dunkel, verwackelt). So funktioniert es:

1 Markieren Sie mit gedrückter [Strg]-Taste im Fotobrowser alle Motive, die Sie automatisch analysieren und denen Sie Eigenschaften-Tags zuweisen wollen. Wählen Sie im Kontextmenü den Befehl *Automatische Analyse ausführen*.

2 Nach etwas Rechenzeit kennzeichnet Photoshop Elements die untersuchten Motive mit dem violetten Symbol für intelligente Tags (Smart Tags). Welche genau zugewiesen wurden, sehen Sie, wenn Sie mit der Maus über das Icon fahren (1). Natürlich lassen sich auch manuell weitere Smart-Tags zuweisen, indem Sie das entsprechende Symbol mit gedrückter Maustaste auf die Fotominiatur links ziehen (2).

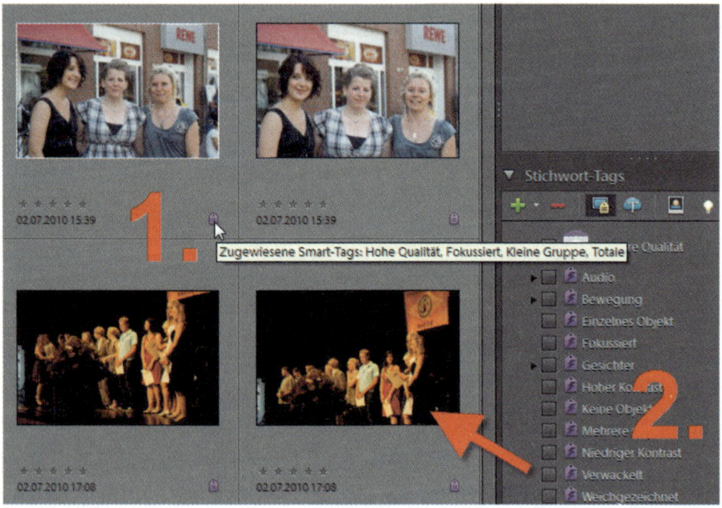

Bildtitel und Anmerkungen festlegen

Es könnte kaum einfacher sein: Klicken Sie die Miniatur mit der rechten Maustaste an und wählen Sie aus dem Kontextmenü *Eigenschaften*. Im Fenster *Eigenschaften – Allgemein*, das daraufhin erscheint, können Sie einen Bildtitel eintragen, Ihre Anmerkungen festhalten und das Bild bewerten, falls dies noch nicht geschehen ist.

Bilder in Alben zusammenstellen

Eine andere Möglichkeit, Bilder zusammenzufassen, sind neben den Stichwort-Tags die sogenannten Alben. In diesen virtuellen Ordnern können Sie zum Beispiel Aufnahmen ablegen, die später in einem gemeinsamen Projekt (Diashow, Homepage-Galerie, Broschüre; siehe Seite 116) verwendet werden sollen. Und so funktioniert es:

1 Klicken Sie das grüne Kreuz im Bedienfeld *Alben* oben rechts an und wählen Sie *Neues Album*.

2 Vergeben Sie einen Albumnamen (1) und ziehen Sie die zugehörigen Dateien mit gedrückter Maustaste aus dem Fotobrowser-Fenster links in den Inhalts-Kasten (2). Bestätigen Sie unten rechts mit *Fertig*.

3 Um die in das Album einsortierten Bilder anzuzeigen, klicken Sie auf den Albumnamen (1). Möchten Sie anschließend die Reihenfolge der enthaltenen Bilder ändern, klicken Sie über dem Fotobrowser auf *Albumreihenfolge* (2) und ziehen die Miniaturen im Fotobrowser mit gedrückter Maustaste an die richtige Position (3).

Smart-Alben – automatisches Zusammenstellen

Statt wie oben beschrieben Bildersammlungen Foto für Foto zusammenzustellen, können Sie diese Aufgabe auch automatisch erledigen. In sogenannten Smart-Alben sortiert Photoshop Elements selbsttätig alle Fotos ein, die bestimmte Bedingungen erfüllen, zum Beispiel ein bestimmtes Stichwort enthalten, eine spezielle Person darstellen, richtig belichtet sind oder mit fünf Sternen bewertet wurden.

Die Erstellung eines Smart-Albums beginnt wieder mit einem Klick auf das grüne Kreuz und *Neues Smart-Album*. Danach legen Sie ein oder mehrere Kriterien für das Album fest und bestätigen mit *OK*.

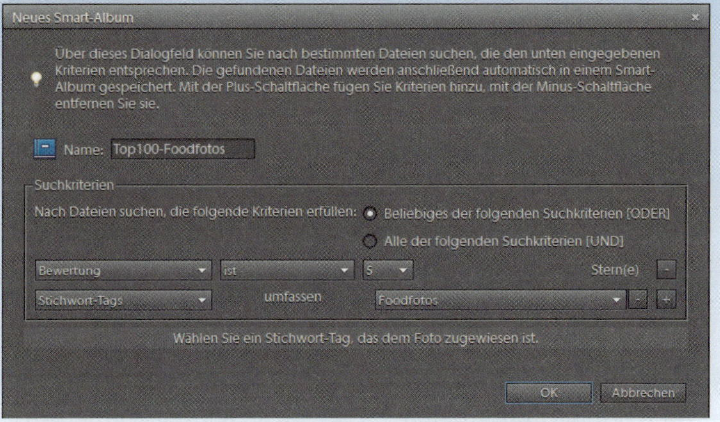

Wer ist wo? – Personen in Bildern kennzeichnen

Das Prinzip, Personen in Fotos zu markieren, kennen Sie vielleicht von Facebook & Co. Menschen in Fotos zu erfassen (um später zum Beispiel personenbezogene Präsentationen zu erstellen) ist auch in Photoshop Elements möglich. Dabei erkennt das Programm die abgebildeten Personen zum Teil sogar selbsttätig, nachdem Sie die ersten Aufnahmen mit Namen versehen haben!

Und so funktioniert es:

1 Kontrollieren Sie über *Bearbeiten/Voreinstellungen/Medienanalyse*, ob Sie ein Häkchen bei *Fotos für Personen automatisch analysieren* gesetzt haben.

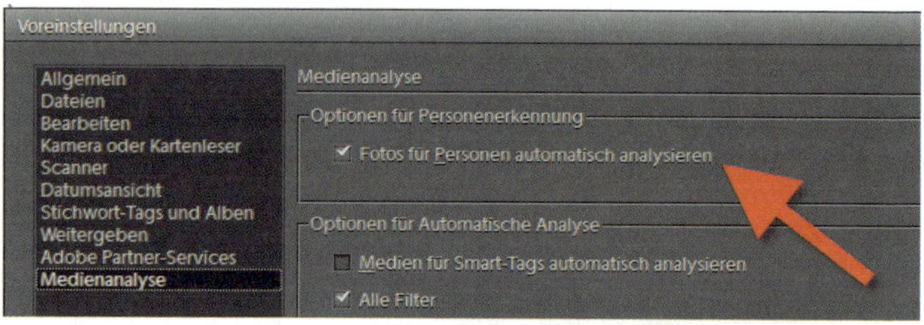

2 Markieren Sie im Fotobrowser mit gedrückter [Strg]-Taste Fotos mit Personen und wählen Sie entweder im Menü *Suchen/Nach Personen zum Versehen mit Tags suchen* oder klicken Sie auf das Symbol *Personenerkennung* im Bedienfeld *Stichwort-Tags*.

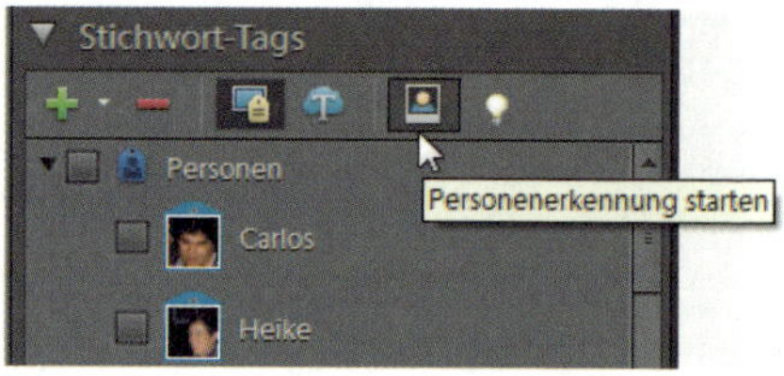

3 Nach etwas Rechenzeit öffnet Elements ein Übersichtsfenster mit allen gefundenen Personen. Benennen Sie sie, indem Sie den Text *Wer ist das?* mit dem entsprechenden Namen versehen.

Möchten Sie eine Person nicht benennen (beispielsweise weil es ein Passant ist) klicken Sie auf das Vorschaubild und anschließend auf das Kreuzsymbol oben rechts.

4 Möchten Sie die Personenerkennung perfektionieren, klicken Sie im Fotobrowser doppelt auf das kleine blaue Personen-Schildchen unter der Miniatur. Photoshop Elements öffnet das Foto daraufhin im Großformat und markiert erkannte und nicht erkannte Gesichter mit Kästchen. Klicken Sie die Vierecke an und akzeptieren bzw. verwerfen Sie die Erkennung (1). Genauso tragen Sie noch fehlende Namen nach (2).

5 Wenn Sie den kleinen Pfeil hinter dem „Namensschild“ erkannter Personen anklicken, listet Ihnen das Programm auf, welche Gesichter es dieser Person zugeordnet hat. Kontrollieren Sie die Registerkarten *Bestätigt* und *Unbestätigt*, um mögliche Fehler auszumerzen. Falsche Zuordnungen entfernen Sie wiederum, indem Sie das Bildchen markieren und durch Klick auf das Kreuz oben rechts entfernen (1). Schieben das beste Motiv der Person an die oberste Stelle (2),

so dient es als Vorschaubildchen für die Palette *Stichwort-Tags*.

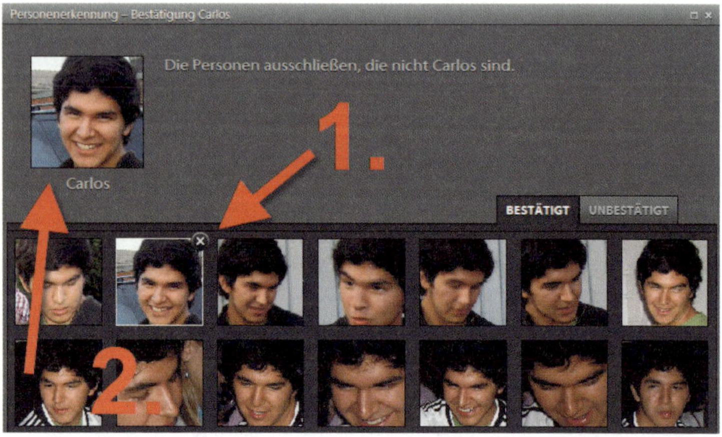

Fotos per Hand mit Personen-Tags versehen

Anfangs ist es bequemer, die automatische Personenerkennung zu starten. Haben Sie die meisten Personen erfasst, können Sie später einfach den entsprechenden Namen aus der Palette der Stichwort-Tags mit gedrückter Maustaste auf die markierten Gesichter ziehen.

Was ist wo? – Bilder im Katalog sortieren und suchen

Wenn Sie Ihre Bilder fleißig verschlagwortet haben, ist ein Sortieren nach diesen Stichwörtern ganz einfach: Setzen Sie Klicks vor die entsprechenden Tags rechts, und nur die Bilder, die dieses Schlagwort enthalten, sind im Fotobrowser links zu sehen. In unserem Beispiel sind das die Fotos, die wir mit *Winter* gekennzeichnet haben.

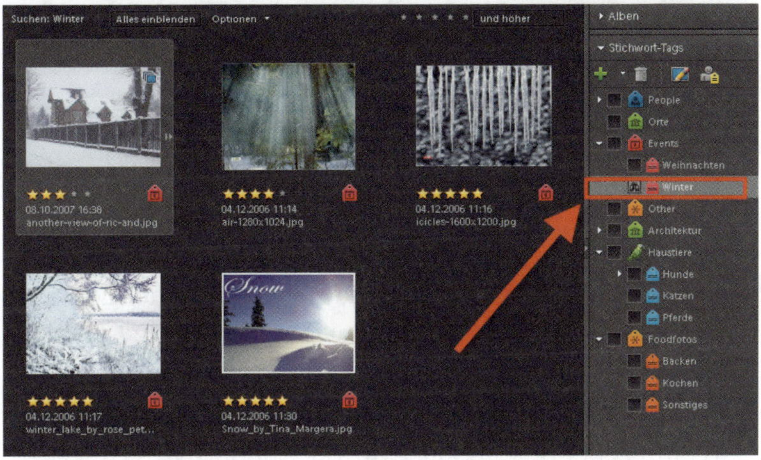

Suchen mit der Zeitleiste

Möchten Sie Ihre Bilder nicht nach Thema oder Schlagwort, sondern nach Aufnahmezeitpunkt oder Erstellungsdatum auflisten? Dann verwenden Sie den neuen Kalender (siehe Seite 45) oder die Zeitleiste:

1 Wählen Sie im Menü *Fenster/Zeitleiste*, sollte die Zeitleiste über dem Fotobrowser-Fenster noch nicht sichtbar sein.

2 Verschieben Sie den Regler mit gedrückter Maustaste zu dem Jahr und dem Monat, aus denen Sie Bilder betrachten wollen.

3 Sie möchten nur die Kinderfotos aus dem Jahr 2005 angezeigt bekommen? Auch eine Kombination aus Stichwort- und Datumssuche ist möglich: Wählen Sie zunächst das Tag *Kinder* im Stichwortbereich unten rechts aus. Anschließend ziehen Sie in der Zeitleiste den jeweils oberen Pfeil links und rechts auf den Anfangs- und den Endpunkt Ihres gewünschten Zeitraums.

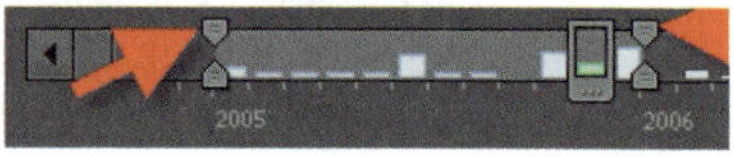

4 Sie haben keine Schlagwörter vergeben, aber Kategorien, Bildtitel oder Beschreibungen? Auch darin lässt sich suchen: Tragen Sie Ihren Suchbegriff in das Suchfeld oben links über den Fotobrowser ein.

Ähnliche Aufnahmen gesucht?

Praktisch bei sehr großen Fotosammlungen: Photoshop Elements beherrscht die Suche nach ähnlichen Motiven. Markieren Sie im Fotobrowser die Miniatur, die als Suchvorlage dienen soll, und wählen Sie anschließend im Menü *Suchen/Visuelle Ähnlichkeit mit ausgewählten Fotos und Videos*. Weitere Suchmöglichkeiten umfassen den Medientyp, den Dateinamen, den Bearbeitungszeitpunkt.

Suchen nach Personen

Haben Sie die Elements-Personenerfassung (Seite 33) verwendet, so ist es ein Kinderspiel, Fotos auszufiltern, auf denen bestimmte Personen zu sehen sind:

- Setzen Sie in der Palette *Stichwort-Tags* Klicks neben den oder die entsprechenden Namenssymbole.

- Klicken Sie auf das T-Symbol für die Schlagwortwolke und wählen Sie dort den entsprechenden Namen aus:

Suchen in den Metadaten

Metadaten sind Zusatzinformationen, die von Ihrer Kamera bei der Aufnahme automatisch mitgeschrieben und – unsichtbar – im Foto gespeichert werden. Auch für diese Details bietet Photoshop Elements eine Suche. Damit lassen sich zum Beispiel

Fotos eines bestimmten Kameramodells, spezieller Belichtungszeiten oder Objektivbrennweiten herausfiltern:

1 Wählen Sie im Menü *Suchen/Details (Metadaten)*.

2 Geben Sie mithilfe der Formularfelder Ihr erstes Suchkriterium ein, zum Beispiel *Kameramarke enthält Nikon*. Mithilfe des Pluszeichens rechts fügen Sie weitere Kriterien (*Blitzstatus ist Ausgelöst* oder *Aufnahmedatum liegt vor <Datum>*) hinzu. Bestätigen Sie mit *Suchen*.

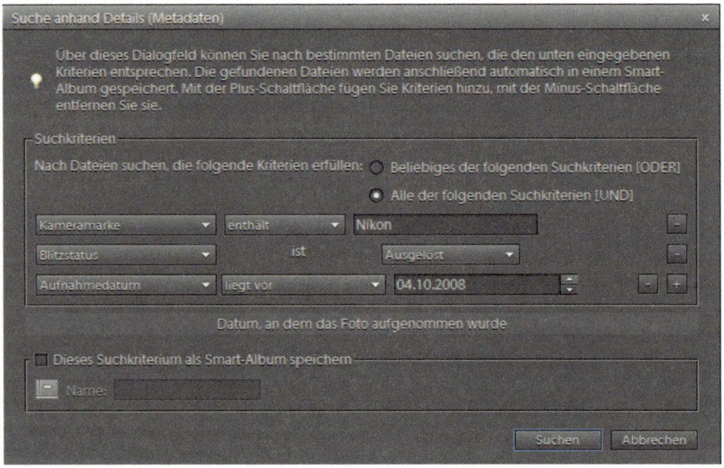

Misslungene Bilder löschen

Doppelte oder misslungene Bilder aus Photoshop Elements zu löschen ist eine Sache zweier Klicks: Markieren Sie unerwünschte Objekte im Fotobrowser und wählen Sie im Kontextmenü (rechte Maustaste) den Punkt *Aus Katalog löschen*.

Aufzupassen gilt es bei der darauffolgenden Abfrage: Setzen Sie nur einen Klick bei *Ausgewählte Elemente auch von der Festplatte löschen*, wenn Sie sicher sind, dass Sie die Originaldatei des Bildes nicht mehr brauchen, dafür aber den Speicherplatz benötigen.

Was ist eigentlich dieser ominöse Katalog?

Der Katalog ist *nicht* Ihre Bildersammlung, sondern sozusagen ein Photoshop-Aktenordner zu Ihrer Bildersammlung. Er enthält die erzeugten Bildminiaturen sowie die Angabe, wo welche Bilder auf der Festplatte zu finden sind. Löschen Sie also ein Bild im Katalog, entfernen Sie lediglich das Vorschaubild und die von Photoshop dazu gespeicherten Daten. Das Original ist nach wie vor auf der Festplatte vorhanden, auch wenn der Organizer es nicht mehr anzeigt.

Gute Bilder sichern: Katalog-Backup auf CD und DVD

Schnell ist es passiert: Ein Virus, ein Systemcrash, ein Hardwarefehler machen Ihre Bilderkollektion unbrauchbar. Gut, wenn Sie dann ein Backup der in Elements verwalteten Daten auf CD oder DVD haben:

1 Starten Sie den Organizer und wählen Sie im Menü *Datei/ Katalog auf CD, DVD oder Festplatte sichern*. Haben Sie seit dem letzten Import außerhalb des Organizers – zum Beispiel im Windows-Explorer – Bilddateien verschoben, gelöscht oder umbenannt, müssen Sie zunächst *Erneut verbinden* wählen, damit Photoshop Elements die Links zu den Originaldateien zu rekonstruieren versucht. Oder wählen Sie *Weiter*, wenn Sie die aufwendige Suche nach einzelnen Dateien überspringen möchten.

2 Entscheiden Sie sich, ob Sie ein komplettes oder ein inkrementelles Backup möchten. Ersteres ist bei der allerersten Sicherung sinnvoll, Letzteres wählen Sie, wenn Sie nur geänderte und neue Daten auf CD schreiben möchten.

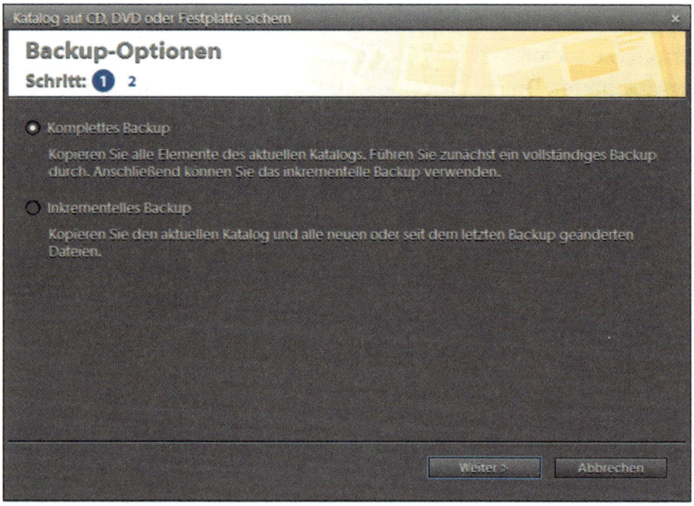

3 Wählen Sie das Laufwerk (1) aus, auf das Sie Ihr Backup schreiben wollen – am besten natürlich ein CD- oder DVD-Laufwerk. Vergeben Sie einen Namen für das Projekt und bestimmen Sie über *Backup-Pfad* gegebenenfalls den Ordnernamen für eine Sicherung auf einer anderen Festplatte. Legen Sie einen leeren Datenträger ins Laufwerk und überprüfen Sie auch, wie umfangreich die Datensicherung wird –

wie viele CDs/DVDs Sie also zur Hand haben müssen (2). Bestätigen Sie mit *Backup sichern*:

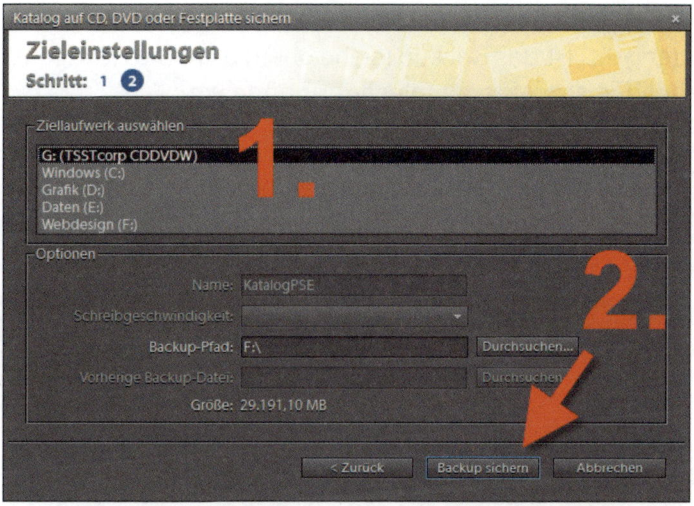

4 Möchten Sie irgendwann Ihre Daten von diesem Backup wiederherstellen, legen Sie die CD/DVD ein und wählen im Menü *Datei/Katalog von CD, DVD oder Festplatte wiederherstellen*.

Katalog-Backup: ein Dateienwirrwarr?

Die Elements-Backup-Funktion ist dafür gedacht, Fotos *und* die in Elements gesammelten Daten (Miniaturen, Alben, Tags, Projekte) zu sichern. Dabei schreibt das Programm alle Informationen etwas ungeordnet und kryptisch benannt in einen einzigen Ordner. Geht es Ihnen nur darum, Ihre Motive zu brennen und dabei eigene Datenstruktur zu erhalten, so markieren Sie im Fotobrowser die gewünschten Ordner oder Dateien und wählen im Menü *Datei/Daten-CD-DVD brennen* bzw. *Datei/Auf Wechseldatenträger kopieren/verschieben*.

Foto mobil: Bilder weitergeben auf CD, DVD oder USB-Stick

Wenn es nicht um eine Komplettsicherung des Katalogs (siehe Seite 41), sondern um die schlichte Weitergabe einer Handvoll Bilder geht, ist das Backup (siehe oben) nicht die richtige Wahl. Gehen Sie stattdessen folgendermaßen vor:

1 Markieren Sie mit gedrückter Strg-Taste im Fotobrowser (1) alle Bilder, die Sie schreiben möchten, und klicken Sie im Menü *Datei/Auf Wechseldatenträger kopieren/verschieben* (2).

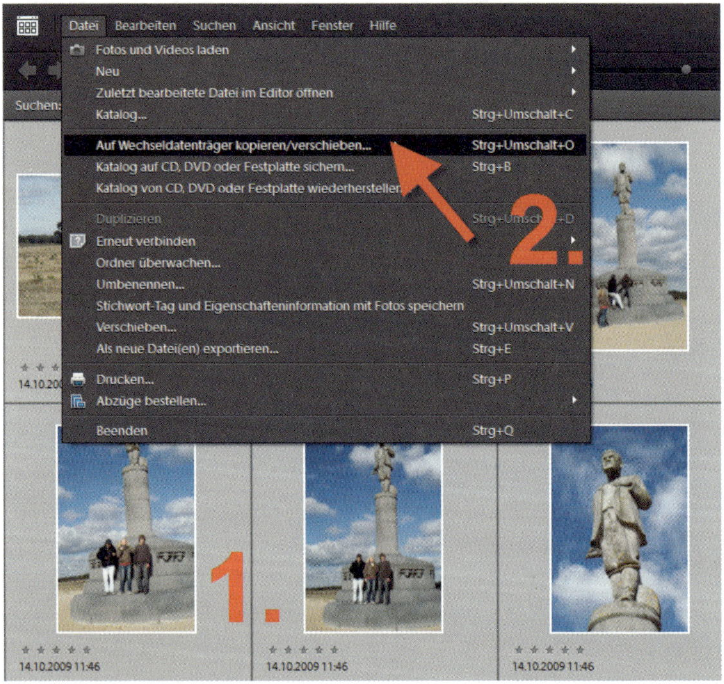

2 Wählen Sie Ihr Brennerlaufwerk, den USB_Stick oder die externe Festplatte aus (1) und vergeben Sie einen Namen

für das Projekt, dessen Größe Photoshop selbsttätig ermittelt (**2**). Bestätigen Sie mit *OK*.

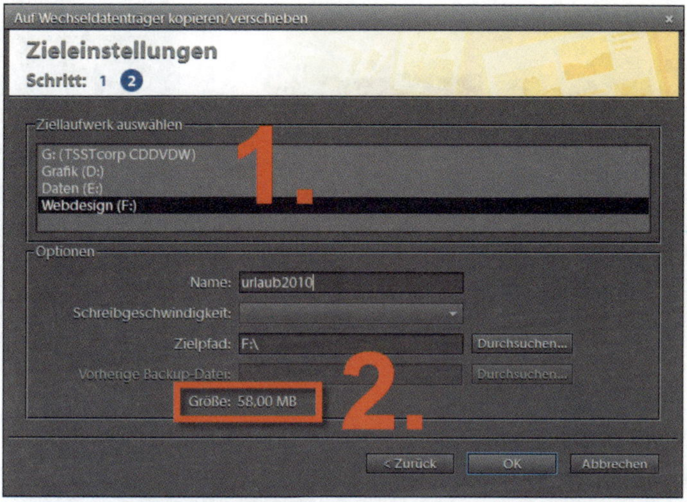

Mehr Pepp gewünscht?

Die oben beschriebene Brennfunktion ist – na ja, eine Funktion eben. Auf effektvolle Art und Weise geben Sie Ihre Bilder als Diashow weiter (siehe Seite 132). Dabei lassen sich Intros, Übergangseffekte oder gesprochene Kommentare einblenden.

Auf die Schnelle: die besten Tipps und Tricks

Fotos als Kalenderblatt betrachten

Mit dem Tastaturbefehl [Strg]+[Alt]+[D] oder *Anzeigen/Datumsansicht* im Organizer-Menü stellen Sie Ihre Bilder quasi als Monatskalender dar. Jede Aufnahme wird ihrem erfassten Aufnahmedatum zugeordnet und Sie können die Ereignisse in einem Textfeld (unten rechts, **1**) mit Anmerkungen versehen:

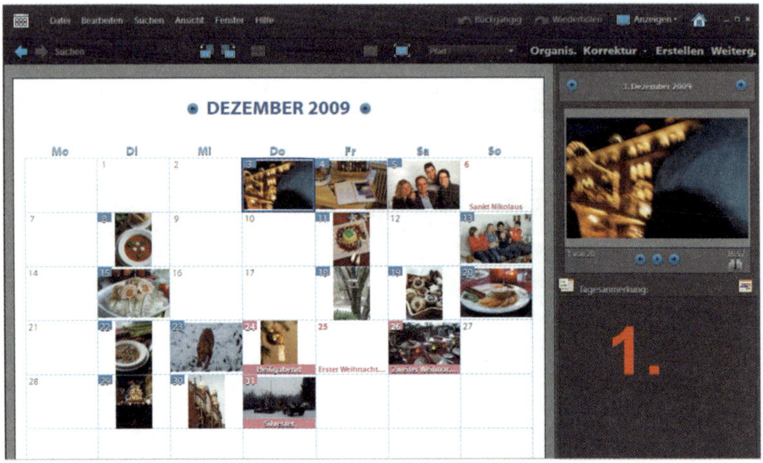

Mehreren Fotos Tags zuweisen

Sie müssen nicht jede Bildminiatur einzeln auf ein Stichwort-Tag ziehen, um es zu verschlagworten. Sie können mit gedrückter [Strg]-Taste auch mehrere Vorschaubilder im Fotobrowser markieren und diese gemeinsam mit gedrückter Maustaste auf das passende Schlagwort unten rechts bewegen.

Blick hinter die Kulissen: EXIF-Daten ansehen

Kameramodell, Aufnahmezeitpunkt, Farbtiefe, Brennweite, Belichtungszeit: Viele Kameras speichern solche Einstellungsdetails – unsichtbar – nach dem sogenannten EXIF-Standard mit in die Aufnahme. Um sich die Daten anzusehen, klicken Sie mit der rechten Maustaste auf eine Bildminiatur und wählen *Eigenschaften anzeigen*. Wählen Sie anschließend oben das blaue *i*-Symbol, um zu den Metadaten zu gelangen.

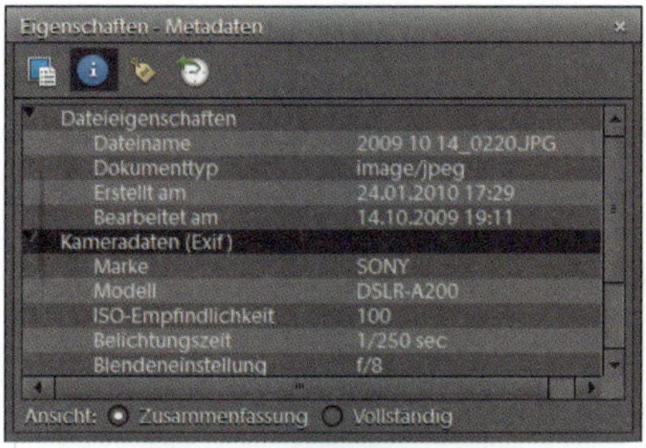

Foto als Desktop-Hintergrundbild verwenden

Im Fotobrowser ist Ihnen ein besonders schönes Motiv aufgefallen, Sie haben eine tolle Montage erstellt? Verwenden Sie Ihre Kreation als Hintergrundbild für Ihren Monitor. Dazu klicken Sie das Vorschaubild mit der rechten Maustaste an und wählen aus dem Kontextmenü *Als Hintergrundbild verwenden.*

3. Fotos ganz einfach korrigieren: So erstellen Sie bessere Fotos im Handumdrehen

Handarbeit oder Automatik? – Das richtige Korrekturverfahren finden

Zu blass, zu dunkel, falscher Ausschnitt? Manche Fotos halten einfach nicht das, was Sie sich bei der Aufnahme davon versprochen haben. Glücklicherweise bietet Photoshop Elements gleich mehrere Verfahren für Bildkorrekturen:

1. Die **Intelligente Auto-Korrektur**, bei der Sie den Organizer gar nicht verlassen müssen, damit das Programm selbsttätig Kontrast, Farbbalance und Farbsättigung verbessert.
2. Eine **Schnellbearbeitung** im Arbeitsbereich Organizer mit einigen wichtigen Werkzeugen und Filtern. Dieser Modus bietet sich an, wenn Sie eh Motive im Vollformat betrachten.
3. Die **Vollbearbeitung** im Editor ist das Verfahren der Wahl für den Profi, der gern jedes Detail selbst bestimmt.
4. Die **Schnellkorrektur** im Arbeitsbereich Editor, die Ihnen Korrekturmöglichkeiten mit Schiebereglern und eine praktische Vorher-/Nachher-Ansicht anbietet.
5. Der **Editor mit Assistent**, der Sie schrittweise durch die notwendigen Einstellungen führt, ideal für Einsteiger.

Den Zugang zu Arbeitsweise 1 und 3 haben Sie, wenn Sie im Organizer oben rechts auf die Registerkarte *Korrektur* klicken:

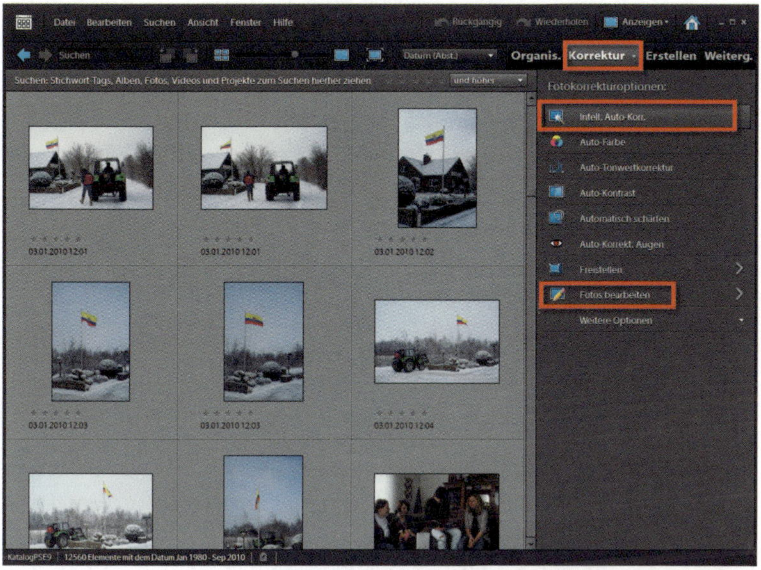

Arbeitsweise 2 steht Ihnen zur Verfügung, wenn Sie im Organizer ein Bildmotiv mit der Taste F11 im Vollbildmodus öffnen. Bei Mausover klappen am linken Bildrand Boxen mit Werkzeugen zum Sortieren und schnellen Korrigieren aus. Die automatischen Vorgaben lassen sich hier jedoch nicht nachjustieren.

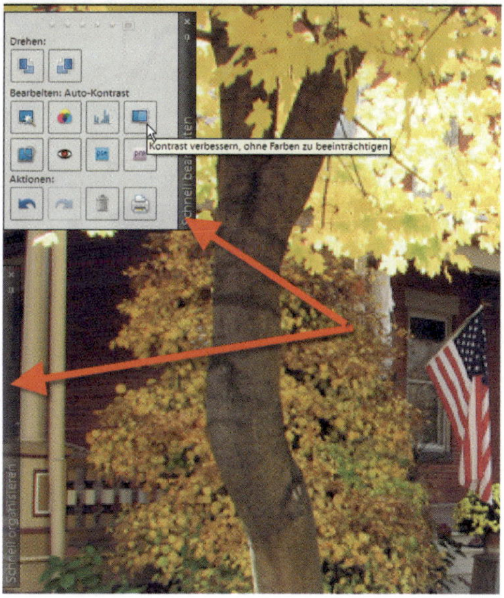

Sind Sie bereits im Arbeitsbereich Editor, ist die *Intelligente Auto-Korrektur* lediglich im Menü unter *Überarbeiten/ Intelligente Auto-Korrektur* zu finden. Beim *Bearbeiten*-Reiter rechts oben finden Sie dagegen die Schalter für die Vollbearbeitung, die Schnellbearbeitung und den Modus mit der Auswahl *Assistent*.

Welcher Bearbeitungsmodus ist der beste?

Das hängt davon ab, wie erfahren Sie in Sachen Bildbearbeitung sind und wie schnell Sie zum Ziel kommen möchten. Geht's um flotte Korrekturen, während Sie Fotos sichten, nutzen Sie *Intelligente Auto-Korrektur* und Schnellbearbeitung innerhalb des Organizers. In unseren Workshops, bei denen wir Motive weitergehend verändern, kommt dagegen vor allem die Vollbearbeitung im Editor zum Einsatz. Wenn Sie auf der orangefarbenen Registerkarte statt *Vollständig* den Punkt *Assistent* anklicken, können Sie sich bei einzelnen Verfahren jedoch auch schrittweise führen lassen. Das funktioniert vielleicht nicht exakt wie in unserer Anleitung, aber zumindest sehr ähnlich! Und wenn's nicht um ganze Fotos, sondern nur kleine Details geht, empfehlen sich die Smartpinsel (siehe Seite 69).

Wenn's flott gehen muss: die intelligente Auto-Korrektur

Der wohl schnellste Weg zu besseren Bildern ist die sogenannte intelligente Auto-Korrektur innerhalb des Organizers:

1 Markieren Sie im Fotobrowser ein Bild per Mausklick (1) und öffnen Sie mit einem weiteren Mausklick die Palette *Korrektur*.

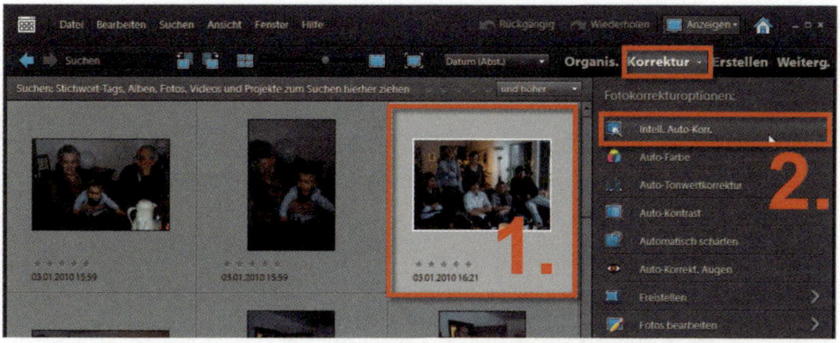

2 Klicken Sie dort auf *Intell. Auto-Korr.* (**2**, Abb. oben), wenn Photoshop Elements das Bild analysieren sowie Kontrast, Farbbalance und Sättigung verbessern soll. Der Prozess dauert einen Moment.

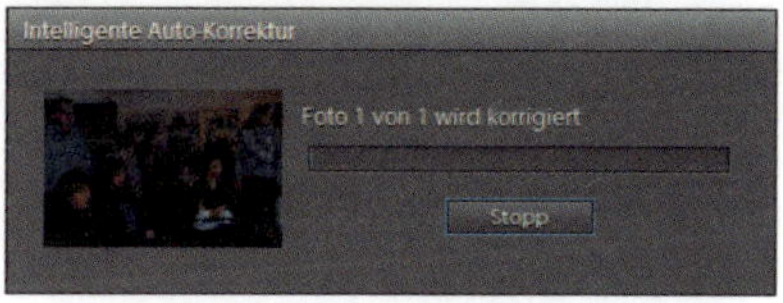

3 Photoshop lässt das Originalbild unangetastet, korrigiert stattdessen eine Kopie der Datei und legt das Duplikat selbsttätig oben auf das Original. So bildet sich ein Stapel (siehe Seite 24). Wenn Sie diesen mit Klick auf den kleinen Pfeil ausklappen, können Sie das kontrastreichere Nachher (links) und das viel zu dunkle Vorher (rechts) genau begutachten.

4 Sind Sie mit der Korrektur zufrieden, lassen Sie beide Versionen nebeneinander bestehen oder löschen das Original (siehe Seite 40). Gefallen Ihnen die Änderungen nicht, löschen Sie schlichtweg die erzeugte Kopie. *Bearbeiten/Rückgängig* im Menü funktioniert bei der Autokorrektur nämlich nicht.

Das volle oder das halbe Programm?

Wenn Sie nicht Kontrast *und* Farbe *und* Sättigung, sondern nur eines davon oder Schärfe und Bildausschnitt nachbessern wollen, klicken Sie nicht auf *Intell. Auto-Korr.*, sondern auf einen der Punkte darunter. Haben Sie ein Motiv über F11 in der Vollbildansicht geöffnet, finden Sie diese Werkzeuge am linken Bildrand in ausklappenden Boxen.

Aus groß mach klein: Zuschnitt und Größenänderung

1 Befinden Sie sich noch im Arbeitsbereich Organizer? Dann markieren Sie das Bild, das Sie bearbeiten möchten, und klicken in der *Korrektur*-Palette rechts auf *Freistellen*.

2 Im Freistellen-Fenster ziehen Sie anschließend den Begrenzungsrahmen so groß (oder klein), dass nur noch die wichtigen Bildbestandteile übrig bleiben. Führen Sie dazu die Maus über die Eck- oder Mittelpunkte (1), halten Sie sie gedrückt und bewegen Sie sie in die gewünschte Richtung. Möchten Sie beim Zuschnitt ein bestimmtes Seitenverhältnis oder eine feste Größe bewahren, geben Sie das bei (2) vor. Bei (3) stellen Sie – wenn Sie möchten – Vorher- und Nachher-Ansicht nebeneinander.

3 Mit einem Klick auf das grüne Häkchen am Begrenzungsrahmen oder auf *OK* bestätigen Sie das Zuschneiden.

Zuschneiden im Arbeitsbereich Editor

... erledigen Sie mit dem Zuschneide-Werkzeug in der Werkzeugleiste links. Ziehen Sie damit bei gedrückter Maustaste einen Rahmen auf dem Bild auf und bestätigen Sie mit dem grünen Häkchen.

4 Anders als den Zuschnitt können Sie die Größenänderung eines Bildes nicht im Organizer-Arbeitsbereich erledigen. Möchten Sie ein 3.264 Pixel breites Bild für Ihre Homepage auf 500 Pixel Breite bringen, müssen Bildpunkte nämlich nicht nur abgeschnitten, sondern neu berechnet werden – und das geht einzig im Editor. Um dorthin zu wechseln, markieren Sie zunächst wieder die Miniatur (1) und klicken entweder rechts in der Korrekturpalette auf *Fotos bearbeiten* (2) bzw. im Kontextmenü (rechte Maustaste) auf *Mit Photoshop Elements bearbeiten* (3).

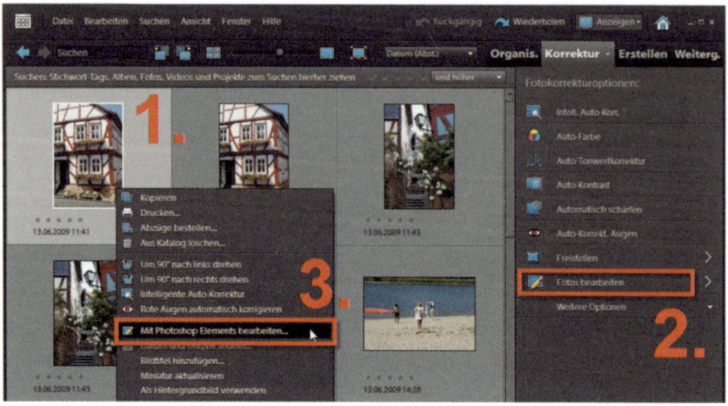

5 Wählen Sie im Menü *Bild/Skalieren/Bildgröße*. Setzen Sie anschließend ein Häkchen bei *Bild neu berechnen mit*, und Sie können oben bei *Pixelmaße* die Zielgröße eingeben. Oder ändern Sie die Auflösung, wenn Sie beispielsweise ein hochauflösendes Foto fürs Internet „herunterrechnen" wollen. Bestätigt wird in jedem Fall mit *OK*.

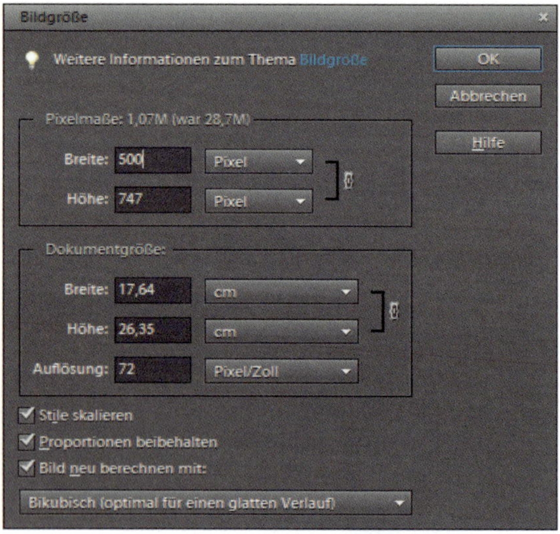

Auflösung – was ist das eigentlich?

Die Auflösung ist das Maß für Klarheit und Schärfe eines Bildes und wird bei Digitalbildern in Pixeln pro Zoll (**p**ixels **p**er **i**nch, ppi) angegeben. Eine Auflösung von 300 ppi bedeutet also, dass pro Zoll 300 Bildpunkte festgehalten sind – das ist dreimal so genau wie bei 100 ppi. Wozu Sie das wissen sollten? Es spielt eine Rolle, wenn Sie die Größen Ihrer Bilder für verschiedene Ausgabemedien festlegen: Soll ein Bild gedruckt werden, sollte die ppi-Zahl mindestens 240 betragen, für ein Homepage-Foto reichen auch 72.

Neu zusammensetzen: Größenänderung spezial

Hinter der schlichten Funktion *Foto neu zusammensetzen* verbirgt sich in Photoshop Elements 9 eine ganz spezielle Größenänderungstechnik: Schneiden Sie Fotos quasi selektiv zu, indem Sie Bildbestandteile gegen Verzerrung schützen und andere explizit zum Entfernen freigeben. So lassen sich zum Beispiel bei Gruppenfotos Hintergrundbereiche wegschneiden, und die Personen im Vordergrund rücken optisch dichter zusammen. So funktioniert es:

1 Öffnen Sie im Editor das gewünschte Motiv, klicken Sie beim Balken *Bearbeiten* den Punkt *Assistent* an und wählen Sie unter *Grundlegende Fotobearbeitungen* die Option *Foto neu zusammensetzen*.

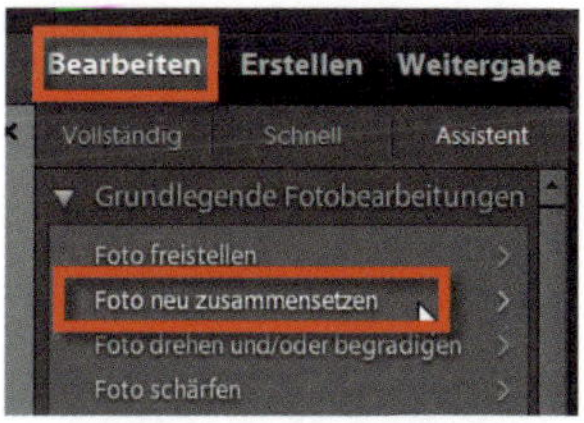

2 Klicken Sie mit der rechten Maustaste ins Fotomotiv und wählen Sie aus dem Kontextmenü *Schnelle Markierung verwenden* (1). Ziehen Sie den Regler (2) auf eine passende Pinselstärke, klicken Sie auf *Schutzpinsel* (3) und übermalen Sie die Bildbereiche, die Sie nicht verzerren oder entfernen wol-

len, mit einer grünen Markierung. Der Löschpinsel (**4**) malt rote Bereiche über all die Abschnitte, die wegfallen können.

3 Schieben Sie die Maus über die Anfasserpunkt an den Ecken und Seitenlinien des Bildes und bewegen Sie sie zur Mitte, bis die gewünschte Größe erreicht ist. Bestätigen Sie mit *Fertig*.

Entscheidend für den Erfolg

... des Neuzusammensetzens ist der Hintergrund des Ausgangsmotivs. Er sollte möglichst ruhig sein (Rasen, Sand, Wasser) und keine perspektivischen Anhaltspunkte bieten – siehe Schatten im obigen Bild – die die Manipulation deutlich machen.

Fast immer angebracht: Nachschärfen

Scharf wirkt ein Bild, wenn die Kanten im Bild gut definiert und kontrastreich sind. Das bekommen selbst die Autofokusmechanismen günstiger Digitalkameras recht gut hin. Trotzdem vertragen fast alle Aufnahmen ein gewisses Maß an Nachschärfen – sie sehen brillanter und klarer aus.

Photoshop Elements verwendet beim Schärfen – wie die meisten anderen Bildbearbeitungsprogramme auch – zwei unterschiedliche Methoden:

- Der Filter *Scharfzeichnen* sucht im Bild nach Übergängen und verändert Helligkeit und Kontrast an den Schnittstellen benachbarter Pixel. Bei zu starkem Schärfen entstehen jedoch Säume an Kanten und Artefakte, das sind kleine Störpunkte.
- *Unscharf maskieren* trägt zwar unscharf im Namen, sorgt aber durch die Anwendung einer unscharfen Maske für einen besseren Schärfeeindruck im Bild. Kontrast und Helligkeit werden weniger verändert als beim Scharfzeichnen, mit einem Schwellenwert können Sie angeben, wie hoch der Tonwertunterschied zwischen zwei Pixeln sein muss, damit überhaupt erst geschärft wird.

Unscharf maskieren ist die Methode der Wahl bei unruhigen, „rauschigen" Bildern, *Scharfzeichnen* kann bei ruhigeren Motiven gut wirken.

So wenden Sie bei einem im Arbeitsbereich Editor geöffneten Foto die Filter an:

- Wählen Sie im Menü *Überarbeiten/Unscharf maskieren* oder *Überarbeiten/Schärfe einstellen*. Experimentieren Sie ein wenig mit den Stärken – genaue Werte lassen sich nicht nennen und hängen immer vom jeweiligen Bild ab.

- Ziehen Sie die Miniatur *Unscharf maskieren* aus der *Effekte*-Palette rechts (unter *Vollständig/Effekte/Scharfzeichnungsfilter*) auf Ihr Foto.

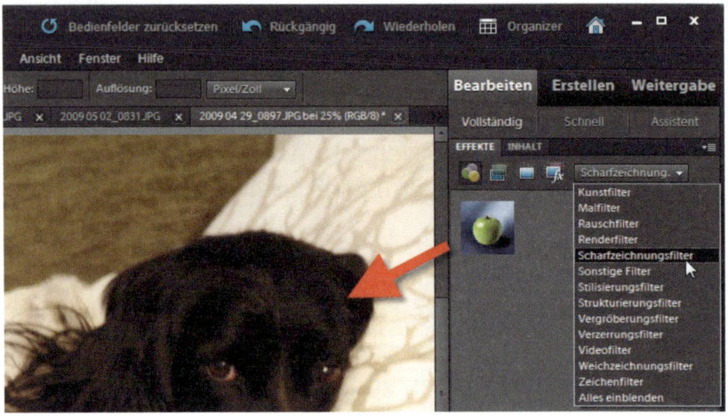

- Wählen Sie im *Bearbeiten*-Palettenbereich rechts *Assistent* und dort wiederum *Foto schärfen*. Hier arbeiten Sie mit einem Schieberegler (1) und stellen unten links (2) die Vorher-/Nachher-Ansicht ein, die Ihnen die Auswirkungen des Filters gut zeigt.

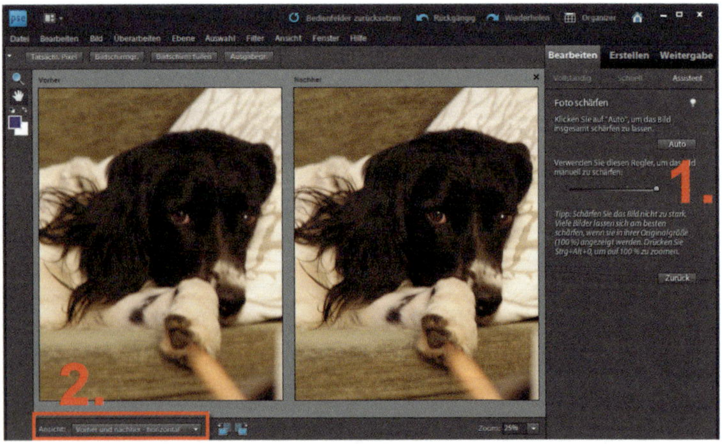

Wischiwaschi: unscharfe Fotos retten

Dieses zuerst: Völlig unscharfe Bilder lassen sich auch durch alle Filter der Welt nicht retten. Aber bevor Sie ein wertvolles Motiv in den digitalen Mülleimer werfen, probieren Sie folgende Vorgehensweise als Rettungsversuch:

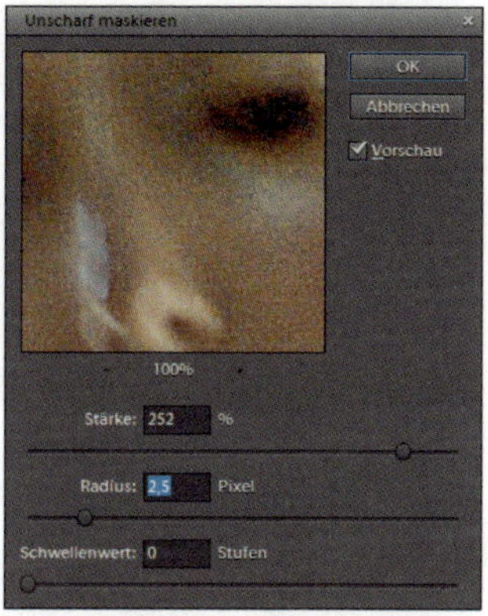

1 Öffnen Sie das Bild im Editor und wählen Sie *Überarbeiten/Unscharf maskieren*. Stellen Sie eine *Stärke* von etwa 250 Prozent, einen *Radius* von etwa 2,5 und einen *Schwellenwert* von 0 ein und bestätigen Sie mit *OK*. Experimentieren Sie ruhig mit noch höheren Werten, aber machen Sie die Änderungen rückgängig, wenn die Farbübergänge unschöne „Säume" bekommen.

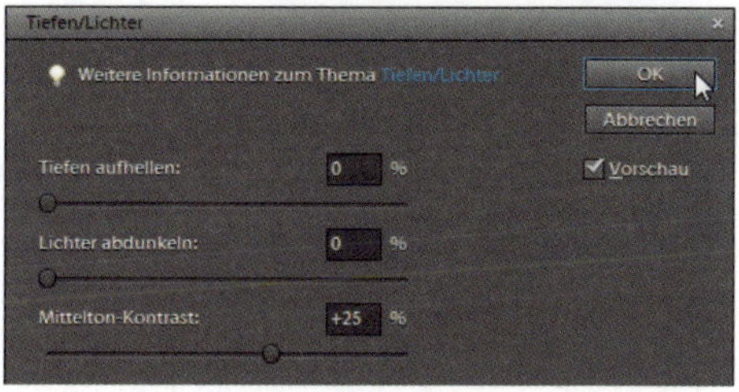

2 Regeln Sie die Tonwerte nach, indem Sie *Überarbeiten/Beleuchtung anpassen/Tiefen/Lichter* wählen, den Wert für *Tiefen aufhellen* auf 0 und den für *Mittelton-Kontrast* etwa auf 25 stellen.

3 Versuchen Sie auch noch, über *Filter/Rauschfilter/Rauschen entfernen* das Bildrauschen zu reduzieren. Wenn Sie nun noch das Foto in der Größe verkleinern und erneut (vorsichtig) mit *Überarbeiten/Schärfe einstellen* nachschärfen, ergibt sich ein wesentlich besserer Gesamteindruck als vorher (rechts).

Die Grenzen des Nachschärfens

Auch wenn das Bild nach den Korrekturen okay aussieht (vor allem, wenn Sie es verkleinert haben) – für einen großformatigen Posterausdruck ist es sicherlich nicht geeignet. Dagegen lässt es sich im Internet vermutlich noch ganz gut verwenden.

Unterbelichtung: zu dunkle Bilder retten

Hier kommt es darauf an, gezielt dunkle Stellen so aufzuhellen, dass Struktur und Zeichnung besser sichtbar werden:

Wählen Sie in der orangefarbenen Palette den Punkt *Schnell*. Ziehen Sie unter *Beleuchtung* (1) den Regler bei *Tiefen* nach rechts, bis Ihnen der Wert passend erscheint. Regeln Sie auch den Wert *Mitteltöne* etwas nach. Anschließend schärfen Sie die Aufnahme noch ein wenig (2) – auch das sorgt für mehr Kontrast und Zeichnung. Haben Sie bei *Ansicht* (3) die Option *Vorher und nachher* eingestellt, lassen sich die Ergebnisse besonders gut prüfen.

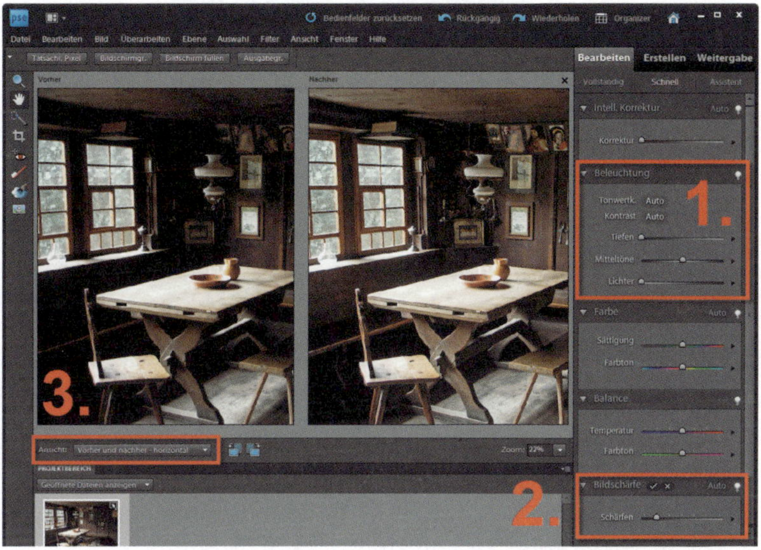

Überbelichtung: zu helle Bilder retten

Um zu helle Bildpassagen gezielt abzudunkeln, wählen Sie zunächst in der orangefarbenen Palette den Punkt *Schnell*. Ziehen Sie anschließend unter *Beleuchtung* den Regler bei *Lichter* nach rechts. Auch hier gilt. Anschließendes Schärfen verbessert den Effekt.

Gezielt Bildpartien aufhellen/abdunkeln

Mit dem Befehl *Assistent/Aufhellen oder Abdunkeln* können Sie Fotos in ihrer Gänze heller oder dunkler stellen. Was aber, wenn Sie gezielt nur kleine Ausschnitte korrigieren wollen? Verwenden Sie dann Nachbelichter oder Abwedler.

1 Öffnen Sie das Bild im Editor und wählen Sie auf dem *Bearbeiten*-Schalter den Modus *Vollständig*, damit alle Werkzeugleisten sichtbar sind.

2 Wählen Sie in der Werkzeugleiste links entweder *Abwedler* (hebt Details in dunklen Bereichen hervor) oder *Nachbelichter* (verstärkt Details in zu hellen Bereichen) – diese Tools verbergen sich unterhalb des Schwamms.

3 Stellen Sie über dem Arbeitsfenster einen passenden „Arbeitsbereich“ für Abwedler oder Nachbelichter ein, indem Sie ganz links eine Pinselspitze und daneben eine Größe vorgeben. Setzen Sie *Belichtung* auf einen niedrigen Wert, um die Intensität des Filters zu verringern, und klicken Sie nun so lange auf die zu dunklen/hellen Partien im Bild, bis Ihnen das Ergebnis zusagt.

Flaue Bilder: Farbstich entfernen und mehr Brillanz erzeugen

Wenn Landschaftsaufnahmen auf dem Bildschirm einen hässlichen Farbstich aufweisen und blass oder ausdruckslos wirken, ist es Zeit für ein ganzes Paket an Verschönerungsmaßnahmen.

1 Wählen Sie im Menü *Überarbeiten/Farbe anpassen/Farbstich entfernen*. Anschließend klicken Sie im Bild auf einen Bereich, der möglichst neutral (weiß, schwarz oder grau) aussehen soll, und Elements übernimmt die Korrektur. Passt das Ergebnis nicht, klicken Sie mehrfach oder wählen *Überarbeiten/Farbe anpassen/Farbvariationen* (siehe Abbildung). Damit können Sie anhand von Vorschauminiaturen die Wirkung auf dunkle und helle Töne sehr genau einschätzen.

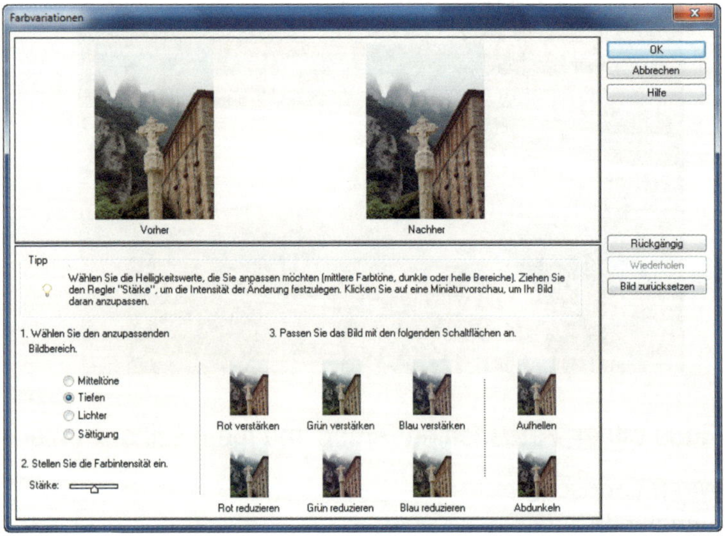

2 Eine flaue Bildwirkung ist oft das Ergebnis eines geringen Tonwertumfangs. Korrigieren Sie das, indem Sie zunächst auf *Überarbeiten/Auto-Tonwertkorrektur* im Menü klicken. Oft bringt das schon sehr gute Ergebnisse – falls nicht, probieren

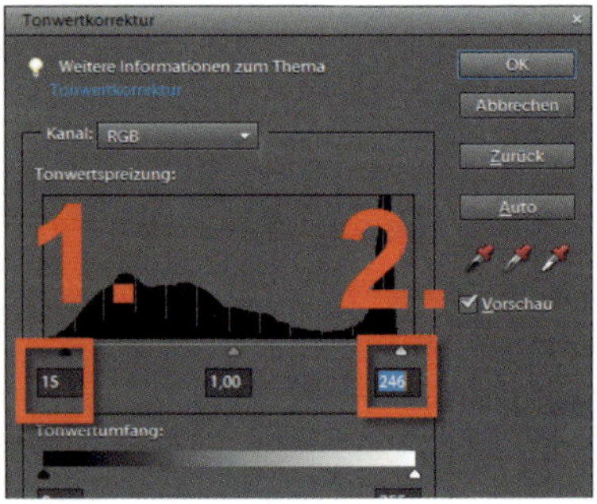

Sie es mit *Überarbeiten/Beleuchtung anpassen/Tonwertkorrektur*. Hier können Sie nun manuell den Schwarzpunkt (1) nach rechts bis an die ersten dunklen Töne heranziehen, und genauso machen Sie auf der rechten Seite mit dem Weißpunkt-Regler (2), der nach links gezogen werden muss.

3 Um Wolken gezielt dramatischer wirken zu lassen, dunkeln Sie über *Überarbeiten/Beleuchtung anpassen/Tiefen/Lichter* die hellen Partien nach.

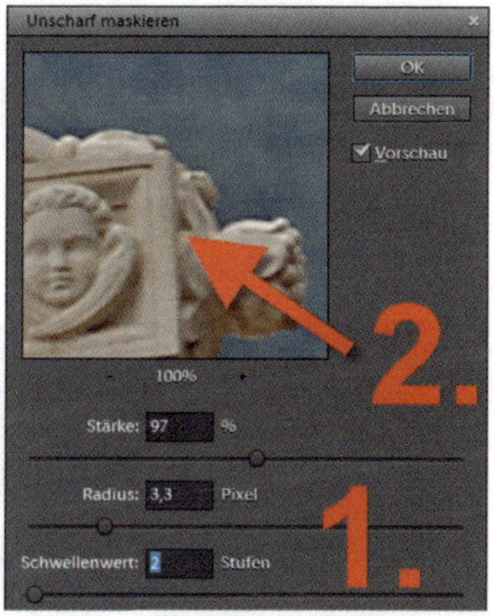

4 Zu guter Letzt schärfen Sie das Foto, indem Sie im Menü *Überarbeiten/Unscharf maskieren* wählen. Dabei bezeichnet *Stärke* die Intensität des Filters, der *Radius* gibt an, in welchem Bereich er sich auswirkt. *Schwellenwert* regelt, ab welchem Tonwertunterschied geschärft wird (1). Grundsätzlich gilt: Wenig Stärke und großer Radius sorgen vor allem für mehr Kontrast. Je höher die Stärke und je kleiner Radius und Schwellenwert gewählt werden, desto schärfer ist das Bild – unter Umständen aber zu hart und „kribbelig": Schieben Sie deswegen das Vorschaubild (2) mit gedrückter Maustaste auf einen passenden Bereich, damit Sie die Wirkung an den Kanten genau beurteilen können.

Erst nach Größenänderung schärfen

Der Filter *Unscharf maskieren* erhöht die Kontraste an Kanten. Wenn Sie diese erst schärfen und dann das Bild stark verkleinern (also sozusagen Bildpunkte zusammenlegen), ist der Effekt wieder dahin. Schärfen sollte daher der letzte Arbeitsschritt vor dem Speichern sein.

Für Bleichgesichter: natürliche Hauttöne einstellen

Photoshop Elements bringt einen praktischen Assistenten mit, mit dessen Hilfe Sie die Hauttöne bei Porträts ganz einfach nachbessern. Sie finden ihn, wenn Sie im Editor zunächst oben rechts die *Bearbeiten*-Palette öffnen, dann auf *Assistent* klicken und anschließend den Punkt *Hauttöne anpassen* wählen.

Am besten gehen Sie so vor: Stellen Sie zunächst unter *Ansicht: Vorher und nachher – horizontal ein* (1). Klicken Sie danach auf die Pipette (2) und anschließend auf einen Hautbereich, dessen Farbe Sie übernehmen wollen. Das können Sie mehrmals wiederholen, oder wechseln Sie zu den Schiebereglern (3), mit denen Sie gezielt die Bräunung verstärken oder die Rötung vermindern können:

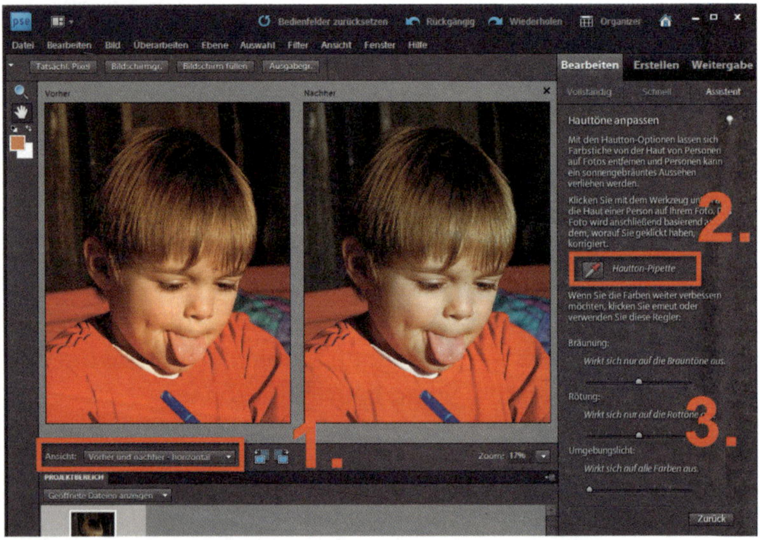

Ergeben sich zwischendurch unerwünschte Farbstiche, gehen Sie mit *Zurück* einen Schritt zurück. Sind Sie zufrieden, klicken Sie dagegen unten auf *Fertig*.

Digitales Make-up: Porträts verschönern

Jeder kann Model sein: Lassen Sie Ihren Porträts eine digitale kosmetische Behandlung zugute kommen und beseitigen Sie kleine Schönheitsfehler.

Den Rote-Augen-Effekt können Sie bereits durch die automatische Einstellung *Rote Augen automatisch korrigieren* im Foto-Downloader (siehe Seite 10) verbessern. Haben Sie das verpasst, arbeiten Sie folgendermaßen nach:

Wählen Sie im Bearbeitungsmodus *Voll* in der Werkzeugleiste links das Rote-Augen-Werkzeug (1) und über dem Arbeitsfenster eine *Pupillengröße* und einen *Verdunkelungsbetrag* (2) – 50 Prozent passt meist gut. Klicken Sie anschließend mit der Maus auf die roten Augen und überprüfen Sie das Ergebnis. Sie können es auch sofort mit der Einstellung *Automatisch* (3) versuchen.

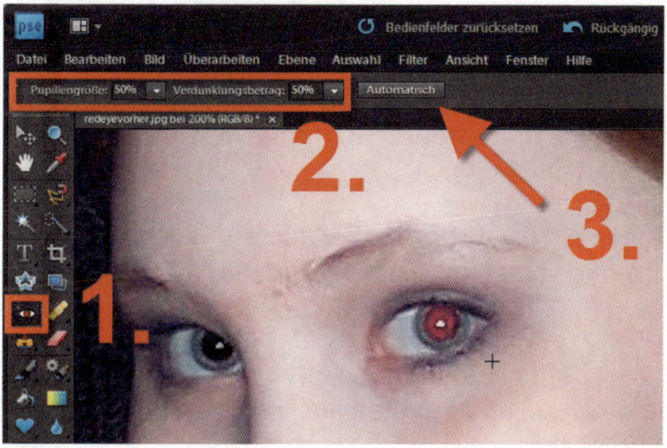

Weiter geht es mit der Korrektur von Hautunebenheiten, zum Beispiel dem Entfernen von Muttermalen oder kleinen Mimikfältchen.

1 Klicken Sie den Bereichsreparatur-Pinsel an und wählen Sie über dem Arbeitsfenster eine Pinselgröße, die nur ein wenig größer ist als der störende Hautfleck. Wählen Sie anschließend die Korrekturart: *Näherungswert* bedeutet, dass Elements außerhalb des Auswahlbereichs nach Mustern sucht, die es zur Korrektur benutzt. Bei *Struktur erstellen* nutzt das Programm die Pixelmuster im ausgewählten Bereich. *Inhaltssensitiv* vergleicht nahe gelegenen Bildinhalt, um die Auswahl nahtlos zu füllen und dabei wichtige Details wie Schatten oder Objektkanten realistisch zu halten.

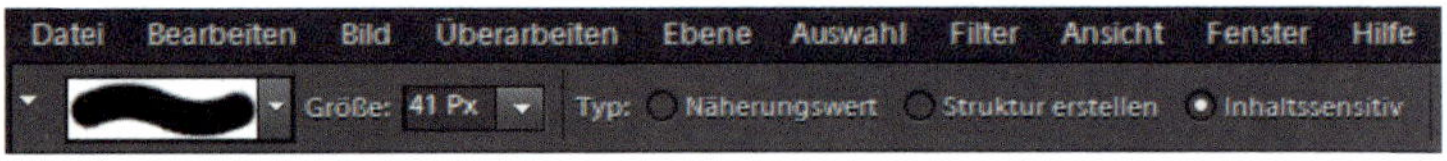

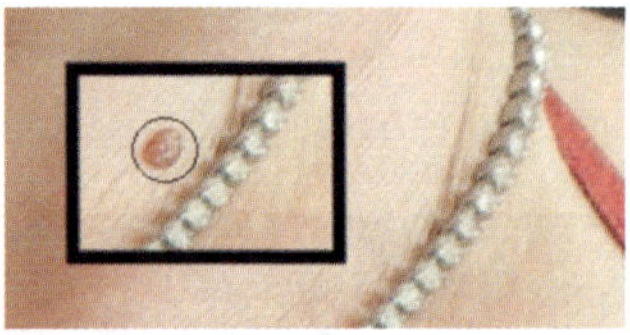

2 Was besser funktioniert, probieren Sie am besten selbst aus: Klicken Sie die Korrekturart an und anschließend auf den Bereich, den Sie verbessern wollen (bei *Inhaltssensitiv malen*). Bessern Sie durch mehrfaches Klicken oder Malen nach oder machen Sie den letzten Schritt mit Strg+Z rückgängig.

3 Wiederholen Sie die Klicks, bis Sie alle Unregelmäßigkeiten im Foto entfernt haben. Gegebenenfalls müssen Sie zwischendurch die Pinselgröße anpassen.

4 Möchten Sie Zähne aufhellen, so öffnen Sie die *Bearbeiten*-Palette *Schnell* (**1**) und schauen am linken Bildrand bei den TouchUp-Werkzeugen (**2**). Hier können Sie den *Perlweiß*-Filter (keine Werbung, so nennt Adobe das Zahnbürstensymbol tatsächlich!) auf das Foto ziehen und mit den Pinsel-Werkzeugen (**3**) den passenden Bereich einstellen.

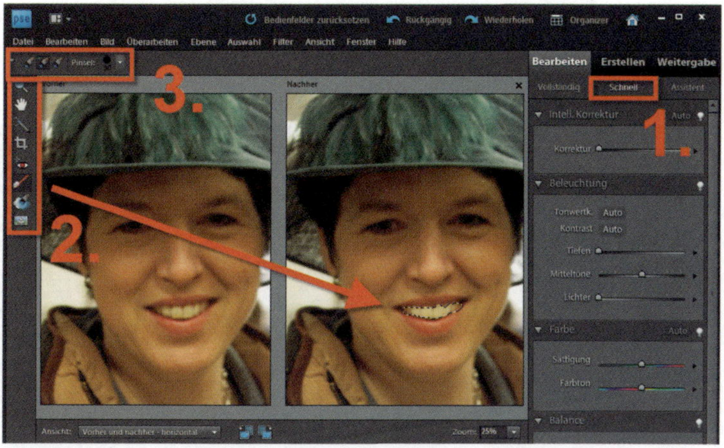

Falten ade ...

Auch kleinere Haut- und Mimikfalten lassen sich mit dem Bereichsreparatur-Pinsel sehr gut entfernen. Für größere Partien nutzen Sie dagegen besser den Reparaturpinsel, den wir Ihnen im übernächsten Abschnitt vorstellen.

Schweizer Taschenmesser für Korrekturen: Smartpinsel

Der Smartpinsel und sein „kleiner Bruder“, Detail-Smartpinsel, sind raffinierte Werkzeuge, mit denen Sie Korrekturen direkt aufs Bild malen können. Das Smarte daran: Der Pinsel „erkennt“ Strukturen und Farbbereiche und beschränkt die Reparatur auf die passende Region. So lassen sich z. B. Himmelsbereiche blauer, die Landschaft grüner oder Gesichter heller färben. So funktioniert es:

1 Öffnen Sie Ihr Foto und wählen Sie in der Werkzeugleiste für größere Reparaturbereiche den Smartpinsel, für kleinere den Detail-Smartpinsel (1). Über dem Arbeitsfenster (2) ent-

scheiden Sie sich im Drop-down-Feld für die Art der Korrektur, die Sie vornehmen wollen: strahlendere Augen, höherer Kontrast, dunklerer Hautton oder Spot-Licht?

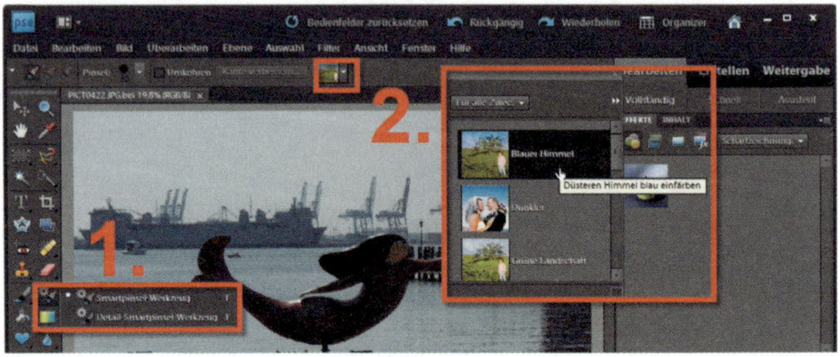

2 Entscheiden Sie sich für eine in etwa passende Pinselgröße (1) und klicken Sie in den Bildbereich, den Sie auswählen wollen. Mithilfe des Plus- oder Minussymbols (2) und weiteren Klicks passen Sie den Auswahlbereich an, damit die Markierungslinie (3) möglichst genau Ihren Vorstellungen entspricht. Schon während des Auswählens werden die Filter bzw. Korrekturen angewendet.

3 Möchten Sie weitere Details korrigieren, so klicken Sie in der *Ebenen*-Palette auf das Symbol für *neue Ebene* (**1**), anschließend wieder einen Korrekturmodus an und malen Ihre zusätzlichen Anpassungen ins Bild. Für jede Anwendung des Smartpinsels erstellt Elements automatisch eine neue Ebene (**2**, siehe Seite 92) oberhalb des unveränderten Originalmotivs.

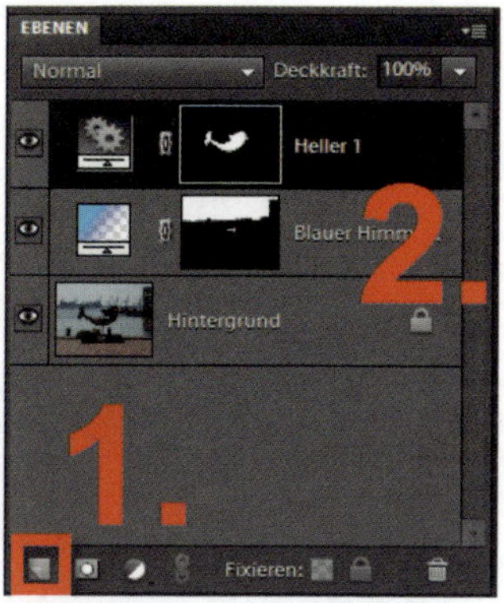

Smartpinsel-Korrekturen wieder entfernen

Möchten Sie die Smartpinsel-Änderungen entfernen, müssen Sie die Ebene löschen, auf der sich diese Korrektur befindet. Dazu schauen Sie in die Ebenenpalette rechts und ziehen die „Bildschicht" mit der unerwünschten Korrektur mittels gedrückter Maustaste auf das Papierkorbsymbol.

Und tschüs! – Unerwünschte Bildbestandteile ausradieren

Größere Unregelmäßigkeiten in einer ansonsten eher ebenmäßigen Fläche – zum Beispiel der Zaunpfahl in der Wiese oder der unansehnliche Papierkorb auf der Straße – lassen sich im Handumdrehen mit dem Bereichsreparatur-Pinsel entfernen.

Lieber vorher als nachher ...

Bildretuschen sollten Sie immer vor dem Schärfen, Beschneiden und Verkleinern anwenden, weil die Übergänge durch die spätere Nachbearbeitung meist noch unmerklicher werden.

1 Klicken Sie im Arbeitsbereich Editor auf den Bereichsreparatur-Pinsel (1) in der Werkzeugleiste. Wählen Sie über dem Arbeitsfenster zunächst eine Pinselstärke (2), die etwas größer sein sollte als das zu entfernende Element. Beim Modus (3) ist *Inhaltssensitiv* angebracht – damit „stempeln“ Sie quasi neue Pixel über die alten.

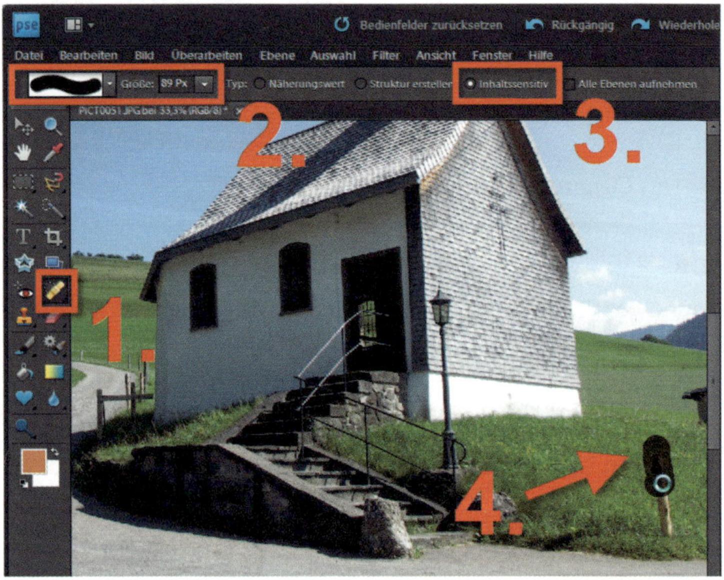

2 Malen Sie mit gedrückter Maustaste über den Gegenstand, den Sie entfernen wollen (4). Dabei setzt Photoshop Elements automatisch die Muster der Umgebung als „Füller“ ein – verblüffend!

Szenen bereinigen mit Photomerge

Der Reparaturpinsel ist das Werkzeug der Wahl, wenn Sie nur eine Aufnahme vorliegen haben, in der Sie ein störendes Element beseitigen wollen. Verfügen Sie über mehrere Ansichten des Motivs (zum Beispiel ein Gebäude, vor das sich in einem Bild ein Tourist geschoben hat), dann öffnen Sie diese Motive im Editor und wählen anschließend im Menü *Bearbeiten/Assistent* den Punkt *Photomerge/Szenenbereinigung*.

Schieflage: schräge Motive gerade ausrichten

Ein schönes Foto, aber leider in Schieflage? Mit dem Gerade-ausrichten-Werkzeug korrigieren Sie das:

1 Aktivieren Sie das Gerade-ausrichten-Werkzeug (1) und suchen Sie im Bild den Horizont oder denken Sie sich eine Linie, die Sie begradigen wollen. Klicken Sie an den Anfangspunkt, halten Sie die Maustaste gedrückt und klicken Sie wieder am gewünschten Endpunkt (2).

2 Elements richtet das Bild nun automatisch anhand dieser Linie gerade aus, allerdings entstehen dabei weiße, überflüssige Bereiche. Diese entfernen Sie anschließend gleich wieder mit dem Zuschneide-Werkzeug (**3**).

Hochhaus mit Knick? – Stürzende Linien verschwinden lassen

Weitwinkeleinstellung, von unten nach oben fotografiert? Als Ergebnis hat manches Digitalfoto unschöne stürzende Linien, die sich gerade bei Architekturaufnahmen deutlich bemerkbar machen. Abhilfe schafft folgendes Verfahren:

1 Wählen Sie im Menü *Filter/Kameraverzerrung korrigieren*. Klicken Sie bei *Raster einblenden* unter dem Arbeitsfenster, falls Sie das Gitterliniennetz nicht sehen sollten.

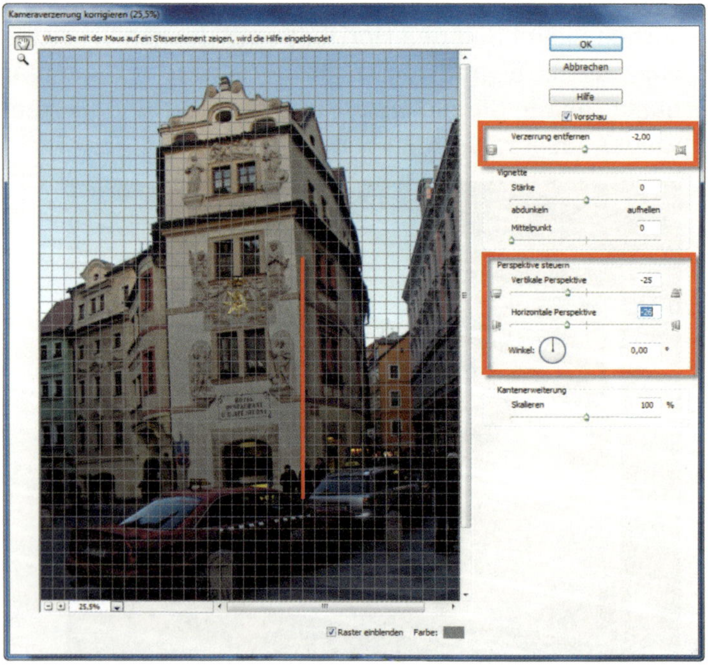

2 Ziehen Sie die Regler bei *Verzerrung entfernen* und *Perspektive steuern/Vertikale Perspektive* so weit nach rechts oder links, bis die senkrechten Linien im Bild in etwa denen des Rasters entsprechen. Bei *Winkel* können Sie die Neigung noch genauer einstellen.

3 Um die leeren Bereiche, die sich durch das Verzeichnen ergeben haben, wieder aufzufüllen, ziehen Sie den Regler bei *Skalieren* so weit nach rechts, bis alle transparenten Bereiche verschwunden sind. Oder erledigen Sie das Zuschneiden später im Editor und bestätigen Sie gleich mit *OK*.

Gruppenfotos par excellence: Photomerge

Das altbekannte Problem bei Gruppenbildern: Einer hat vielleicht gerade die Augen geschlossen, ein anderer schaut schief ... Mit der Photomerge-Technik von Photoshop Elements lassen sich die besten Bestandteile solcher Gruppenaufnahmen verschmelzen.

> **Schon bei der Aufnahme mitdenken**
>
> Damit Sie mit Photomerge perfekte Gruppenbilder oder ein perfektes Porträt erstellen können, brauchen Sie mehrere (möglichst gleich belichtete) Versionen eines Motivs. Drücken Sie also mehrfach auf den Auslöser, wenn Sie Ihre Leutchen aufgestellt haben!

1 Öffnen Sie im Arbeitsbereich Editor mehrere Versionen Ihres Motivs und markieren Sie diese im *Projektbereich* (**1**). Wählen Sie anschließend in der *Bearbeiten*-Palette den Punkt *Assistent* und klicken Sie auf *Photomerge/Gruppenbild* (**2**). Im Menü finden Sie den Befehl unter *Datei/Neu/Photomerge-Gruppenbild* – übrigens nicht nur im Editor, sondern auch im Organizer-Arbeitsbereich.

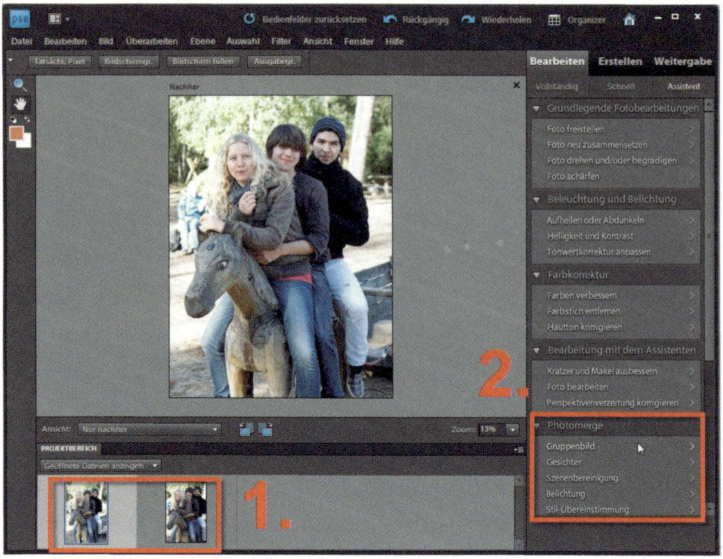

2 Beginnen Sie damit, das Endfoto festzulegen – also das, von dem Sie die meisten Bestandteile übernehmen wollen. Ziehen Sie es aus dem Arbeitsbereich unten (**1**) in das – noch leere – Fenster rechts (**2**).

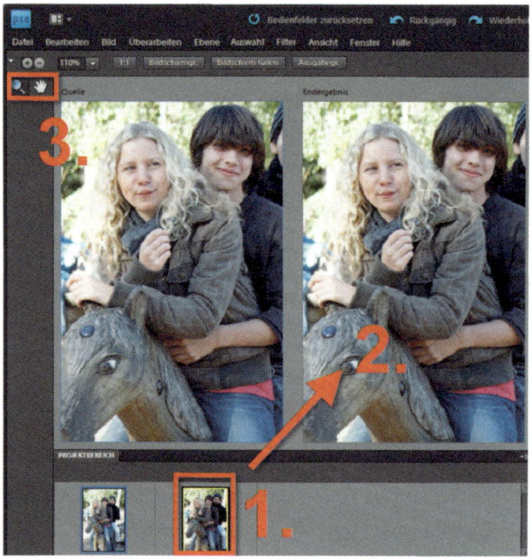

Um die Bilder besser beurteilen zu können, vergrößern Sie die Ansicht, indem Sie oben links auf die Lupe und dann ins Vorschaufenster links klicken (3). Mit dem Hand-Werkzeug können Sie innerhalb dieses Fensters den Ausschnitt verschieben.

3 Klicken Sie danach unten im Arbeitsbereich (1) auf das Bild, von dem Sie einige Details – zum Beispiel den lachenden Gesichtsausdruck einer der aufgenommenen Personen – übernehmen wollen. Das zweite Foto erscheint jetzt im linken Fenster. Wählen Sie links den Buntstift und über dem Arbeitsfenster eine passende Pinselstärke (2) und malen Sie anschließend auf dem linken Foto den Bereich aus, den Sie ins rechte Bild übernehmen wollen (3). Fast in Echtzeit überträgt Elements die Pixel – Sie können das Ergebnis also sofort sehen.

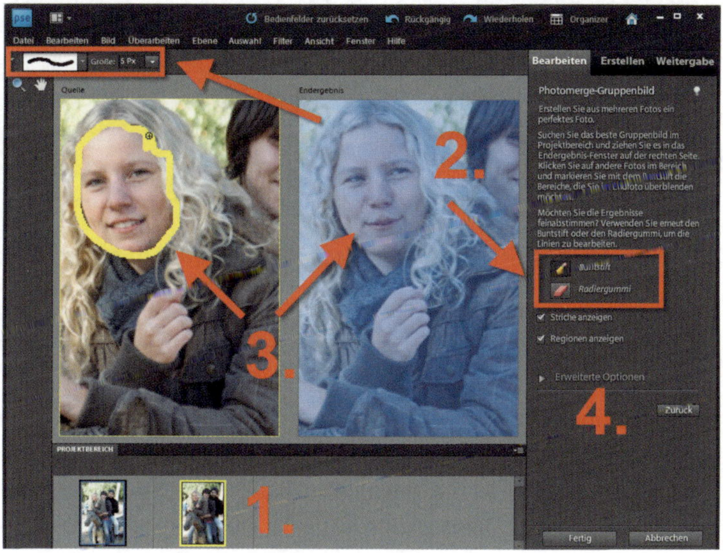

4 Benutzen Sie wieder das Zoom-Werkzeug, um zu kontrollieren, wie gut – sprich unmerklich – die Übergänge sind. Gibt es etwas zu verbessern, klicken Sie auf den *Radiergummi* oder auf das Ausrichtungswerkzeug unter *Erweiterte Optionen* (4, Abb. auf der vorherigen Seite), um die zu „klonenden" Bereiche besser übereinanderzulegen.

5 Wiederholen Sie die Schritte 3 und 4, wenn Sie ins rechte „Ergebnisfoto" noch Details aus anderen Ausgangsfotos (unten im Arbeitsbereich) einkopieren wollen. Bestätigen Sie am Ende mit *Fertig* und speichern Sie Ihre neue Datei.

Weitere Photomerge Funktionen

Wenn Sie sich mit dem Photomerge bei Gruppenfotos (s. o.) bereits vertraut gemacht haben, fällt es Ihnen auch nicht schwer, die anderen Photomerge-Techniken anzuwenden: *Belichtung* kombiniert die besten Bildbereiche geblitzter und ungeblitzter Aufnahmen, *Gesichter* die besten Partien von Porträtfotos, mit *Szenenbereinigung* entfernen Sie unerwünschte Bildbestandteile. Starten Sie jeweils mit dem Öffnen der zu kombinierenden Motive und wählen Sie *Datei/Neu/Photomerge* im Menü.

Wohin damit? – Bilddateien im richtigen Format speichern

Um Ihre Bildkorrekturen zu sichern, müssen Sie Ihre bearbeiteten Fotos speichern. Das geschieht im Editor über den Befehl *Datei/Speichern* im Menü. Im *Speichern unter*-Fenster geben Sie einen Speicherort (1) und einen Dateinamen (2) vor – ganz wie Sie es aus anderen Programmen, zum Beispiel einer Textverarbeitung, kennen. Besondere Aufmerksamkeit sollten Sie jedoch dem Dateiformat (3) widmen – je nach späterem

Verwendungszweck eignen sich hier noch lange nicht alle vorgeschlagenen Dateiformate!

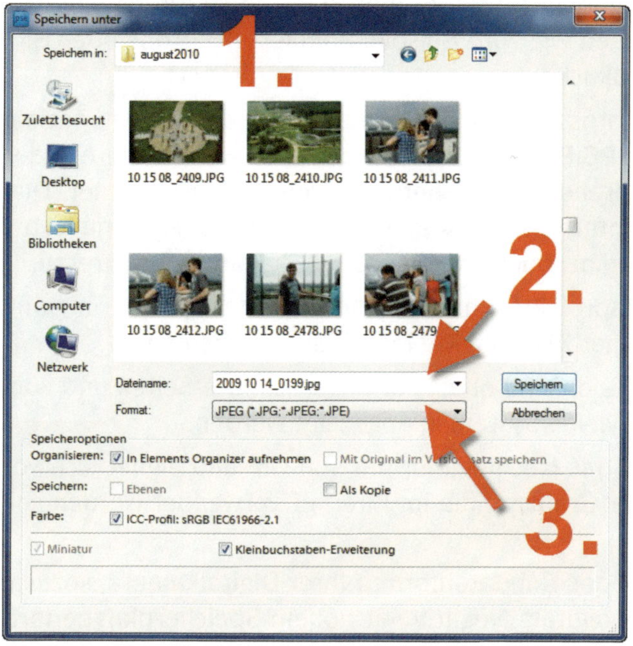

Von den 15 Formaten, die Photoshop Elements schreiben kann, sind einige wenig gebräuchliche „Exoten“. Folgende sollten Sie jedoch kennen und je nach Bestimmung Ihrer Bilder verwenden:

- **Photoshop PSD** ist das Adobe-eigene, alles andere als kompakte Format. Es kann nur von wenigen anderen Programmen gelesen werden. Verwenden Sie es, wenn Sie komplexere Fotokreationen oder Bilder mit Ebenen speichern und später mit Photoshop oder Photoshop Elements weiterbearbeiten wollen.

- **BMP** (Windows-Bitmap-Format) ist nur sinnvoll, wenn Sie Bilder in Office-Dokumente (Word, Excel) einfügen wollen.
- **GIF** ist kein gutes Fotoformat, dafür ideal für kleine Internetgrafiken wie zum Beispiel animierte Buttons oder Hintergrundkacheln.
- Große Fotos mit kleinen Dateigrößen – das ist die Spezialität des **JPG**-Formats. Verwenden Sie es, wenn Sie Ihre Bilder platzsparend weitergeben möchten (E-Mail, Internet, Diashow). Intern bevorzugen Sie besser ein unkomprimiertes Dateiformat, bei dem keine Qualitätsverluste auftreten.
- Das Fotoprojektformat **PSE** dient nur der Speicherung umfangreicher Bildprojekte innerhalb von Elements.
- **PDF**-Dateien sind quasi gut ausdruckbare Seiten und können auf vielen Systemen angezeigt werden.
- **PNG** ist das Nachfolgeformat von GIF und eignet sich vor allem für Grafiken, die im Internet verwendet werden sollen.
- **RAW** ist das Rohdatenformat Ihrer Digitalkamera, sozusagen das digitale Negativ mit hohem Speicherplatzbedarf. Profis importieren und bearbeiten RAW-Aufnahmen, weil sie dabei auch über kleinste Aspekte volle Kontrolle haben.
- **TIFF** ist das Format der Wahl zum Speichern Ihrer Digitalbilder auf Ihrem PC. Die entstehenden Dateien sind größer als bei JPG, können aber beliebig oft ohne Qualitätsverlust gespeichert und wieder geladen werden. TIFF wird von vielen Systemen und Pro-grammen verstanden.

Achten Sie bei den TIFF-Speicheroptionen darauf, dass Sie bei der Komprimierung *Ohne* oder *LZW* wählen und auf Windows-Rechnern *IBM PC* bei *Byte-Anordnung*.

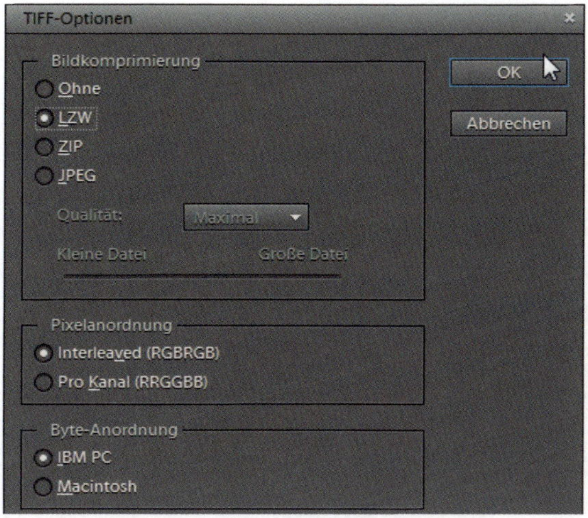

Sonderfall: Bilder fürs Web speichern

Möchten Sie Fotos auf Ihrer Homepage verwenden, im Intranet präsentieren oder in einer E-Mail verschicken, sind kleine Dateigrößen (also schnelle Ladezeiten) wichtig. Wählen Sie daher für solche Bilder und Bildprojekte den Befehl *Datei/Für Web speichern*.

Im Fenster *Für Web speichern* stellen Sie zunächst rechts (1) Dateiformat und Qualitätsstufe ein – für Fotos gut geeignet ist *JPEG Mittel*. Unter dem Arbeitsfenster (2) lesen Sie gleich ab, wie groß die resultierende Datei ist, und sehen im Vorschaufenster, ob es möglicherweise Qualitätseinbußen gibt. Falls ja, können Sie die Qualitätsstufe wieder erhöhen. Bei (3) haben Sie die Möglichkeit, die Abmessungen des Bildes einzustellen, bevor Sie mit *OK* oben bestätigen.

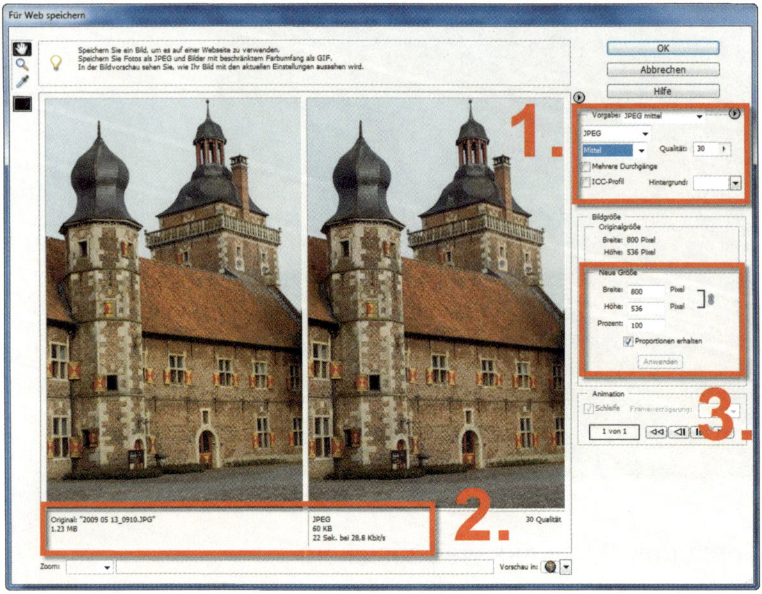

Auf die Schnelle: die besten Tipps und Tricks

Fotos im Editor öffnen

Bei der Bildbearbeitung ist nicht mehr der Organizer, sondern der Elements-Editor (*Bearbeiten* im Startfenster) der ideale Photoshop-Arbeitsbereich. Um Fotos im Editor zu öffnen, können Sie diese direkt aus dem Windows-Explorer mit gedrückter Maustaste ins Arbeitsfenster ziehen oder wählen im Menü *Datei/Öffnen*. Befinden Sie sich im Organizer und möchten Sie eine markierte Bildminiatur an den Editor schicken, drücken Sie [Strg]+[I] auf der Tastatur bzw. *Mit Photoshop Elements bearbeiten* im Kontextmenü (rechte Maustaste).

Der Editor-Arbeitsbereich

... unterscheidet sich nicht groß von dem des Organizers. Auch hier finden Sie rechts den Palettenbereich und darüber die Registerkarten mit den Aufgabenbereichen. Ganz links sehen Sie die Werkzeugleiste, die Sie andocken oder frei positionieren können (einfach mit der Maus ziehen). Je nach ausgewähltem Werkzeug erscheinen dessen Details über dem Arbeitsfenster. Darunter sehen Sie geöffnete Fotos im Projektbereich.

Gescannte Fotos nachbearbeiten

Staubflusen, Flecken, unerwünschte Bildbestandteile? Mit den Retuschiertechniken, die wir Ihnen für Porträts vorgestellt hatten (ab Seite 67), lassen sich auch digitalisierte Papierbilder wunderbar verbessern.

Geschickt mit mehreren Dateien hantieren

Wenn Sie mehrere Dateien im Editor geöffnet haben, lassen sich die Motive über die Ansichtensymbole (1) nebeneinander anordnen und besser vergleichen. Möchten Sie mehrere Ansichten eines einzigen Fotos bearbeiten, klicken Sie dort auf *Neue Ansicht*. Zoomfaktor und Ausschnitt stellen Sie über Lupen- und Handsymbol (2) ein. Wenn Ihnen übereinanderliegende (schwebende) Fenster im Editorbereich nicht gefallen, sondern Sie lieber über Registerkarten zwischen den Dokumenten hin- und her springen, wählen Sie im Menü *Bearbeiten/Voreinstellungen/Allgemein* und nehmen das Kreuzchen bei *Schwebenden Dokumente im Editormodus zulassen* weg.

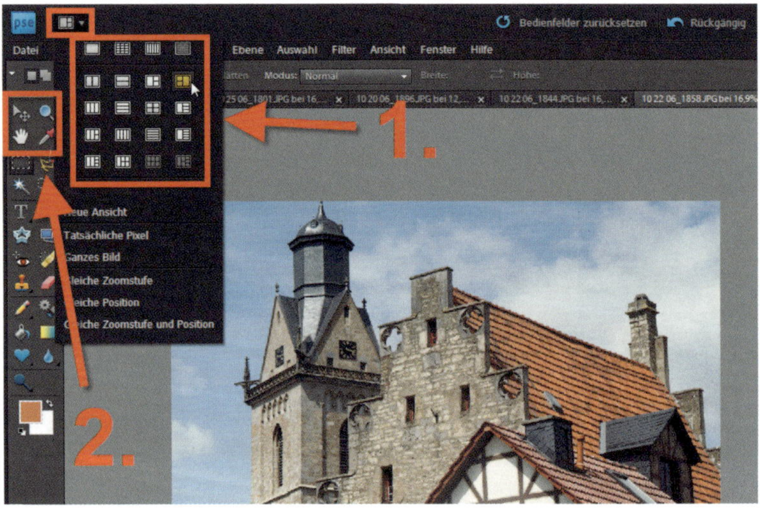

Rückgängig machen

Auch wenn Sie sonst eher der Typ „Mausschubser“ sind: Die Tastenkombination [Strg]+[Z] sollten Sie sich merken. Sie macht den jeweils letzten Bearbeitungsschritt rückgängig.

4. Mehr Pepp für Ihre Fotos: tolle Effekte für mehr Bilderspaß

Verlassen Sie die nüchterne Welt der Bildkorrektur von Kapitel 3 – hier beginnt das fantasievolle Foto-Tuning! Sie arbeiten allerdings nach wie vor im Arbeitsbereich Editor, und zwar meist auf der *Bearbeiten*-Palette im Modus *Voll* oder im *Erstellen*-Bereich mithilfe von Assistenten.

Aus zwei mach eins: Bildmontage erstellen

Durch das Kombinieren von mehreren Bildmotiven in einer Montage lassen sich verblüffende Effekte erzielen. Stellen Sie z. B. Ihr Kind auf die Chinesische Mauer oder den Leuchtturm aus dem letzten Nordseeurlaub in die Berge! Und so geht es:

1 Öffnen Sie das Bild mit dem Motiv, das Sie ausschneiden wollen. Wählen Sie in der Werkzeugleiste das Schnellauswahl-Werkzeug mit einer nicht allzu großen Spitze und fahren Sie mit gedrückter Maustaste über den Bildbereich, den Sie kopieren wollen. Dabei erkennt Photoshop Elements (weitestgehend) Kanten und Übergänge und fügt sie der Auswahl (sie ist von einer blinkenden Linie umgeben) automatisch hinzu.

Die besten Motive zum Freistellen

... sind geradlinige Elemente wie besagter Leuchtturm. Erst wenn Sie schon häufiger mit Lasso, Zauberstab oder Schnellauswahl-Werkzeug gearbeitet haben, sollten Sie sich an Personen oder kleingliedrige Motive wagen. Vor allem Haare und Hände können Anfänger zum Verzweifeln bringen!

2 Das Werkzeug ist gut, aber nicht perfekt: Sind größere Bereiche eingeschlossen, die Sie nicht kopieren möchten (1), oder fehlen Details, die Sie mitnehmen möchten, klicken Sie über dem Arbeitsfenster auf *Der Auswahl hinzufügen* (Pluszeichen) oder *Von Auswahl abziehen* (Minuszeichen) (2). Weitere Klicks auf die entsprechenden Flächen nehmen diese weg bzw. fügen sie hinzu.

Details besser auswählen

Um genauer arbeiten zu können, stellen Sie den Zoomfaktor mit Strg+[+] größer ein und verkleinern die Pinselgröße.

3 Die Feinarbeit in Sachen Auswahl erledigen Sie durch einen Klick auf *Kante verbessern* über dem Arbeitsfenster. Im Bedienfeld, das sich daraufhin öffnet, stellen Sie zunächst eine farbliche Umrandung Ihres Auswahlbereichs ein (1) – so sehen Sie genau, wo Sie noch korrigieren müssen. Benutzen Sie dann die Schieberegler (2), um die Auswahl abzurunden, also kleinste Zacken zu entfernen. Genau so können Sie eine sanft verlaufende Kante einstellen oder die Auswahl erweitern oder verkleinern. Bestätigen Sie am Ende mit *OK*.

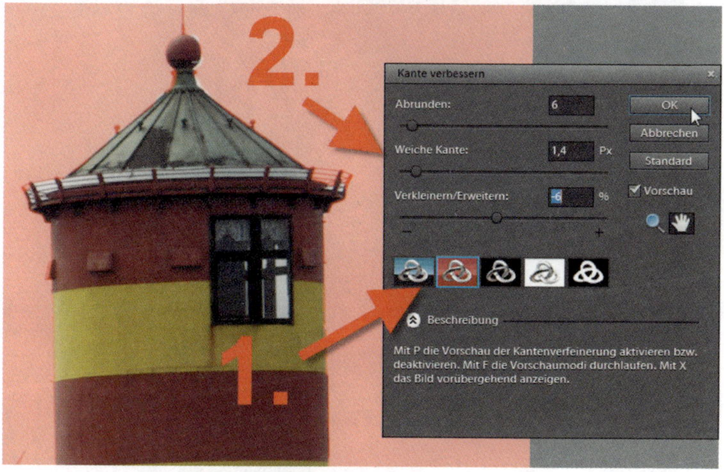

4 Falls Sie das noch nicht erledigt hatten, öffnen Sie nun das Foto, in das Sie den Leuchtturm kopieren wollen. Wechseln Sie anschließend gleich zurück zum Leuchtturmbild. Wählen Sie hier das Verschieben-Werkzeug (1) und ziehen Sie den markierten Turm mit gedrückter Maustaste in das Zielbild im Projektbereich unten (2). Das Leuchtturmfoto brauchen Sie nicht mehr und können es nun schließen.

5 Weiter geht's mit der Anpassung des Leuchtturms im Zielbild: Benutzen Sie die Anfasserpunkte an den Seiten oder Ecken, um ihn schmaler oder breiter zu ziehen (1). Oder Sie führen die Maus über den Mittelbereich (2) und verschieben den Turm bei gedrückt gehaltener Maustaste an die passende Stelle.

6 Um die Beleuchtung anzupassen, verwenden Sie die Werkzeuge *Abwedler* (hellt auf) und *Nachbelichter* (dunkelt ab). Wechseln Sie zunächst auf die Ebene des Leuchtturms (Anklicken in der *Ebenen*-Palette) und fahren Sie mit dem Abwedler (Stärke 10 Prozent) mehrfach an den Stellen entlang, an denen Licht einfällt (links und oben). Der abdunkelnde Nachbelichter kommt unten und rechts zum Einsatz. Wechseln Sie abschließend über die *Ebenen*-Palette auf den Hintergrund und erzeugen Sie auch hier mit dem Nachbelichter eine Art Schatten – fertig!

Erst montieren, dann nachbearbeiten

Erledigen Sie das Zusammenfügen der Bilder, bevor Sie verkleinern, schärfen, weichzeichnen oder die Belichtung verbessern. Durch die anschließenden gemeinsamen Veränderungen gleichen sich die Bestandteile noch besser einander an.

Aus eins mach zwei: Bildmotive kopieren mit dem Stempel

Außer mit dem Schnellauswahl-Werkzeug können Sie Bildmotive ebenfalls mithilfe des Stempels übertragen – auch in ein anderes Foto. Am besten gelingt das, wenn sich die Hintergründe recht ähnlich sind – wie in unserem Beispiel, in dem eine orange Blüte am violetten Rosenbusch landen soll.

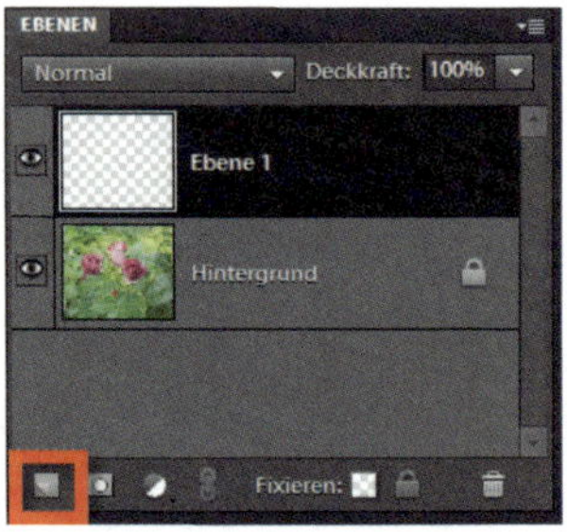

1 Öffnen Sie das Bild, das als Hintergrund dienen soll, und erzeugen Sie über *Neue Ebene erstellen* in der *Ebenen*-Palette (einzublenden über *Fenster/Ebenen*) eine neue, transparente „Bildschicht“.

2 Wechseln Sie zu dem Bild, das Sie auf den Hintergrund kopieren wollen, und passen Sie es über *Bild/Skalieren* so in der Größe an, dass das Motiv später gut zum Hintergrund passt. Verkleinern Sie die Ansicht mit Strg+- so, dass Sie sowohl Ausgangs- als auch Zielbereich gut überblicken können, und stellen Sie sie über das Ansichtssymbol (1) nebeneinander.

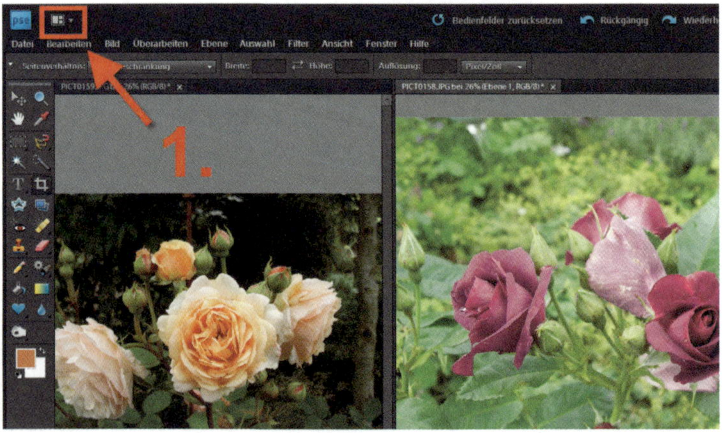

3 Wählen Sie aus der Werkzeugleiste den Kopierstempel im Modus *Normal* mit einer Pinselstärke, die kleiner ist als das Motiv, das Sie stempeln wollen. Um den Ausgangspunkt für das Kopieren festzulegen, klicken Sie mit der Maus auf den oberen Bereich der orangefarbenen Rose und halten dabei die Taste [Alt] gedrückt.

Wichtig: Option Ausgerichtet aktivieren

Achten Sie darauf, dass Sie über dem Arbeitsfenster ein Häkchen bei *Ausgerichtet* gesetzt haben. Es sorgt dafür, dass die Pixel mit der Mausbewegung und nicht immer am selben Fleck aufgenommen werden.

4 Gehen Sie nun mit der Maus in den „Zielbereich" des anderen Bildes. Stempeln Sie hier mit vielen Mausklicks die Rose komplett ein. Stempeln Sie ruhig auch etwas vom Rand mit, das lässt sich im nächsten Schritt leicht korrigieren!

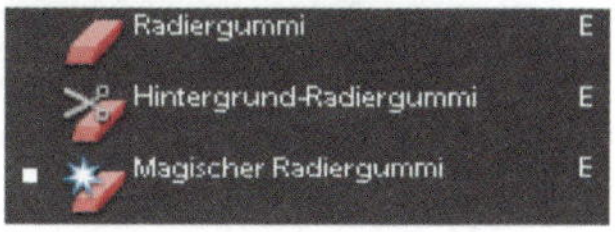

5 Halten Sie die Maus über dem Radiergummi-Werkzeug gedrückt, bis auch der magische Radiergummi erscheint. Klicken Sie ihn an und wählen Sie über dem Arbeitsfenster eine Toleranz von etwa 30. Klicken Sie anschließend um die orange Rose herum und nehmen Sie Häppchen für Häppchen überflüssige Bereiche weg, bis die Übergänge stimmig sind.

Ebene – was ist das überhaupt?

Diesem Begriff sind Sie in den letzten Workshops nun schon mehrfach begegnet. Ebenen sind sozusagen Transparentfolien (zunächst noch ohne Inhalt), die Sie über Ihren Hintergrund legen. Auf diese Schicht können Sie nun schreiben oder Filter anwenden, ohne dass sich das Ursprungsbild verändert. Die Transparenz von Ebenen lässt sich über die Deckkraft regeln, so scheint der Hintergrund mal weniger, mal mehr durch. Oder vermischen Sie die Bildpunkte der einzelnen Ebenen – das nennt sich Mischmodus.

Unendliche Weiten: Panoramabilder mit Photomerge

Panoramabilder sind die „hohe Schule“ der Digitalfotografie. Doch wo Sie bislang mit Spezialprogrammen hantieren mussten oder mühselig von Hand Bilder aneinandergepixelt haben, hilft Ihnen nun die neue Photomerge-Technik von Photoshop:

1 Wählen Sie im Menü *Neu/Datei/Photomerge-Panorama*. Das funktioniert vom Editor oder vom Organizer aus.

Das richtige Ausgangsmaterial für Panoramabilder

Damit sich Fotos gut verbinden lassen, sollten Sie schon bei der Aufnahme daran denken, dass sich die Bilder möglichst zu 20 bis 40 Prozent überlappen, dass Sie sich möglichst exakt um einen einzelnen Standort drehen (Stativ!) und dass Brennweite und Belichtung einheitlich sind.

2 Bestimmen Sie über *Durchsuchen* mindestens zwei Fotos, die Sie zusammenfügen möchten. Haben Sie die Quellbilder bereits im Editor geöffnet, klicken Sie auf *Geöffnete Dateien hinzufügen* (1). Bei *Layout* links (2) ist *Interaktives Layout* für den Anfang die richtige Wahl, weil sich dabei gute Nachbearbeitungsmöglichkeiten bieten. Bestätigen Sie mit *OK*.

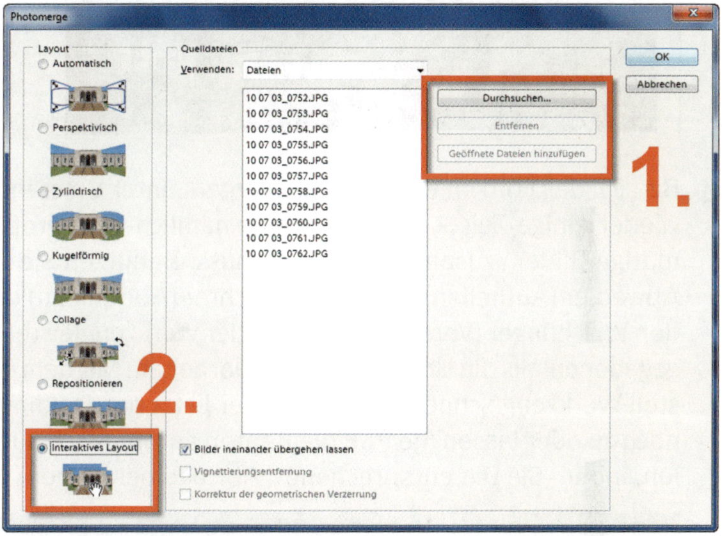

3 Nach etwas Rechenzeit präsentiert Ihnen Elements im Dialogfenster *Panorama* das Ergebnis – für den Anfang schon sehr gut! Möchten Sie korrigieren, finden Sie links oben Bedienelemente wie die Hand (alles verschieben), die Lupe (Zoom), den Pfeil (Einzelbilder verschieben) sowie Werkzeuge zum Drehen oder Ändern der Perspektive (1). Möchten Sie Einzelbilder ganz entfernen, schieben Sie sie oben in den Leuchtkastenbereich (2). Wo Sie sich gerade im Panorama befinden, zeigt Ihnen der *Navigator* (3). Alles fertig? Bestätigen Sie mit *OK*.

4 Bis sich das Foto im Editor öffnet, vergeht unter Umständen wieder einige Zeit – wenn Elements nämlich viele großformatige Bilder „zusammenkleben" muss. Benutzen Sie den Abwedler (Aufhellen), den Nachbelichter (Abdunkeln) oder den Wischfinger (Verschmieren) aus der Werkzeugleiste, um gegebenenfalls die Übergänge nachzuarbeiten. Mit dem Freistell-Werkzeug schneiden Sie zu guter Letzt das Dokument noch zu oder lassen Sie PSE die Kanten automatisch auffüllen, indem Sie die entsprechende Abfrage bestätigen:

Alles so schön bunt hier: Fotoeffektfilter einsetzen

Zu viele Effektfilter werden schnell langweilig, aber manche Bilder benötigen einfach ein bisschen Pep: Mithilfe der Effektfilter von Photoshop Elements verwandeln Sie Fotos in Gemälde, schaffen surreale Landschaften oder bunte Mosaiken.

Die große Elements-Filterauswahl finden Sie entweder im Menü unter *Filter* oder im Palettenbereich rechts unter *Effekte*. Klicken Sie auf das fx-Symbol ganz rechts, um für jeden Stil ein kleines Vorschaubild zu sehen, das Ihnen schon zeigt, was der Filter in etwa bewirkt.

Die Anwendung der Filter ist ganz einfach und macht Spaß:

1 Ziehen Sie die gewünschte Miniatur aus der *Effekte*-Palette rechts mit gedrückter Maustaste auf Ihr Foto. Alternativ wählen Sie im Menü *Filter* den Punkt *Filtergalerie*.

2 Die Filtergalerie, die sich jetzt öffnet, ist der Dreh- und Angelpunkt bei der Arbeit mit den Fotofiltern. Im Drop-down-Menü (1) sehen Sie den gerade ausgewählten Filter. Dessen Details (zum Beispiel Pinselstärken, Druck, Breiten, Häufigkeit) stellen Sie über die Schieberegler darunter ein. Das Ergebnis ist im Vorschaubereich (2) zu betrachten.

3 Möchten Sie ein wenig mit den Filtern experimentieren? Stellen Sie im eben genannten Drop-down-Feld einen anderen Effekt ein oder klicken Sie im Thumbnailbereich (3, Abb. auf der vorherigen Seite) einen an.

4 Sie möchten zwei Effekte übereinanderlegen? Dazu müssen Sie erst eine neue Einstellungsebene (sozusagen eine neue Transparentfolie über dem bisherigen Bild) erstellen. Das erledigen Sie über einen Klick auf das Ebenensymbol (1). Bei 2 können Sie zwischen den Ebenen hin- und herschalten – ihnen also auch unterschiedliche Effekte zuweisen – oder sie kurzerhand in den Papierkorb ziehen. Sind Sie mit allen Einstellungen zufrieden? Klicken Sie auf *OK* (3), damit die Effekte dauerhaft angewendet werden.

Web-Schaltfläche mit Effektfilter erstellen

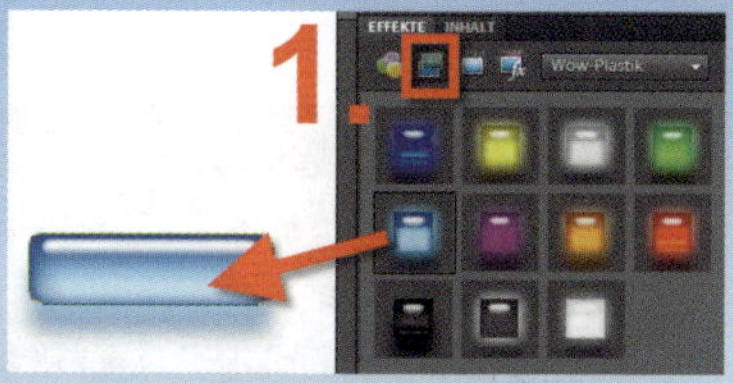

Nicht alle Photoshop-Filter sind auffällige Effektfilter. Manche dienen der Qualitätsverbesserung (Schärfen, Weichzeichnen), andere sorgen für 3-D-Optik oder Schlagschatten. Alle diese Filter finden Sie in der *Effekte*-Palette. Für eine Schaltfläche im Transparent-Look ziehen Sie beispielsweise auf einer leeren Arbeitsfläche zunächst mit dem Rechteck-Werkzeug eine Form auf. Wählen Sie anschließend bei *Ebenenstile* (1) im Drop-down-Menü *Wow-Plastik* aus und ziehen Sie eine der Miniaturen auf ihre Form – fertig!

Die neuen Fun Edits – Spass mit Stilen

Spiegelungen, Lomo-Stil, dramatische Schwarz-Weiß-Optik, Pop-Art: Bevor Sie solche Effekte mit komplizierten Bildbearbeitungstechniken händisch umsetzen, lassen Sie lieber Photoshop Elements 9 die Arbeit tun. Sie finden die schrittweisen Anleitungen für die neuen „Fun Edits" in der Palette *Bearbeiten/Assistent* als *Fotografische Effekte/Kreative Bearbeitungen*. Lassen Sie doch einmal Bildbestandteile über den Rahmen herausragen:

1 Öffnen Sie im Editor ein geeignetes Motiv und klicken Sie in der Palette *Bearbeiten/Assistent* auf den Punkt *Out of Bounds*. Folgen Sie auf der Detailseite den Anweisungen rechts (1) und ziehen Sie zunächst einen passenden Rah-

men auf dem Bild (2) auf. Verleihen Sie ihm gegebenenfalls Perspektive, bevor Sie per Klick auf das grüne Häkchen (3) bestätigen.

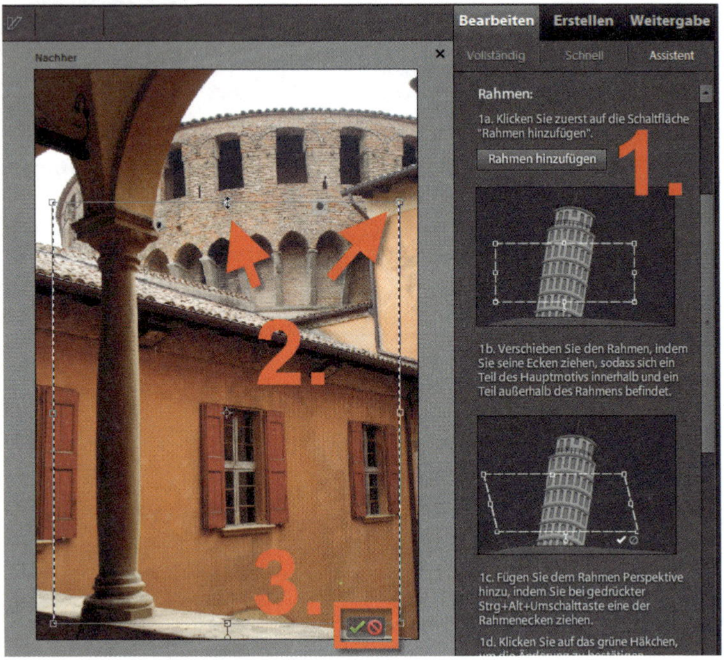

2 Ziehen Sie die Rahmenanfasser nach außen (nach innen funktioniert es nicht!), um Ihr Motiv mit einem kleinen Rahmen zu umlegen, und bestätigen Sie erneut mit dem grünen Häkchen.

3 Klicken Sie im Assistenten auf das Schnellauswahl-Werkzeug (1) und markieren Sie mit seiner Hilfe (siehe Seite 85) die überstehenden Teil des Motivs möglichst kantengenau (2), bevor Sie den Effekt per Mausklick anwenden (3). Optional ist in weiteren Schritten das Hinzufügen eines andersfarbigen Hintergrundes oder das Hinzufügen von Schatten.

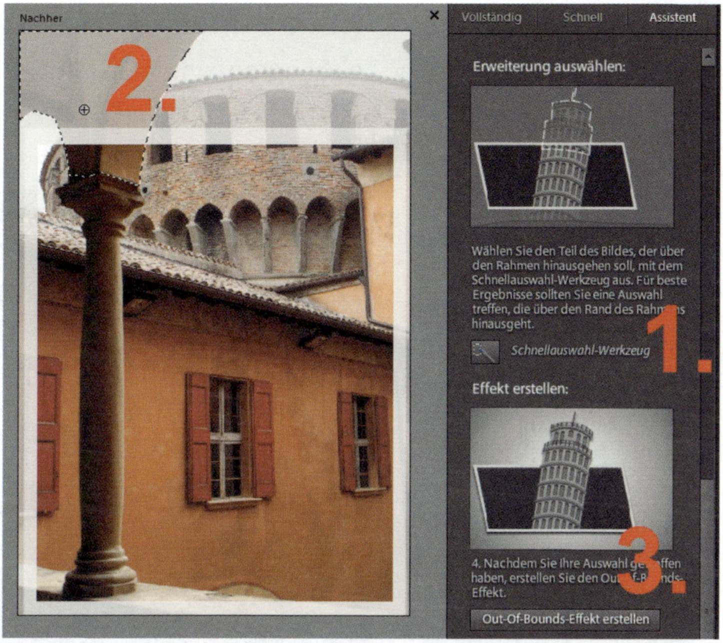

Die Arbeit mit der Ebenen-Palette

Mithilfe der *Ebenen*-Palette (einzuschalten über *Fenster/Ebenen*, falls nicht sichtbar) verwalten Sie die verschiedenen „Schichten" Ihrer gerade erzeugten Bildmontage. Mit gedrückter Maustaste können Sie deren Stapelreihenfolge verändern oder sie löschen, also auf das Papierkorbsymbol ziehen.

In Form bringen: die Ausstecher benutzen

Vergessen Sie umständliche Zeichenprogramme! In Photoshop Elements stempeln Sie Formen ganz einfach auf Ihre Fotos und erzielen damit hübsche Effekte:

1 Öffnen Sie ein Bild im Editor. Wählen Sie in der Werkzeugleiste das Form-Werkzeug (1), den stilisierten Stern, und entscheiden Sie sich oben in der Optionsleiste für die passende Form (2). Mit einem Klick auf den kleinen Pfeil bei 3 klappt ein Untermenü aus, in dem Sie zahlreiche Gruppen von Formen finden – da ist sicherlich auch für Ihren Zweck etwas dabei!

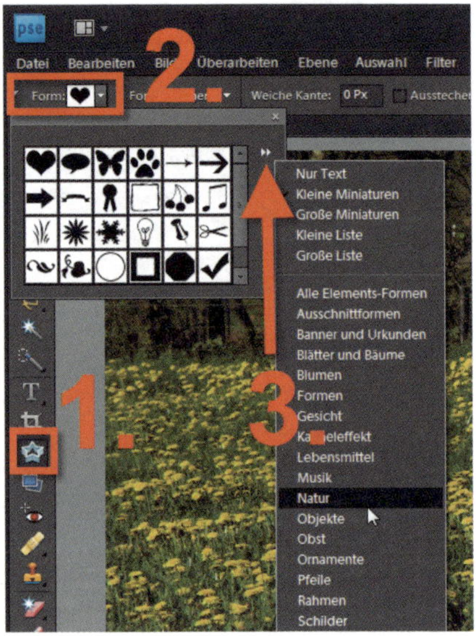

2 Ziehen Sie mit gedrückter Maustaste die Form auf Ihrem Foto auf. Falls Ihnen die Größe auf Anhieb nicht gelungen ist, benutzen Sie die Anfasserpunkte an den Seiten (1) oder an den Ecken, um die Linien zusammen- oder auseinanderzuschieben. Dabei halten Sie die Maustaste gedrückt. Alles okay? Bestätigen Sie mit einem Klick auf das grüne Häkchen (2) – fertig!

Der Hase steht nun etwas verloren auf seinem transparenten Hintergrund. Was machen Sie also mit ihm?

- Schaffen Sie einen farbigen Hintergrund und einen plastischen Effekt: Klicken Sie in der *Ebenen*-Palette auf *Neue Ebene*. Aktivieren Sie diese Ebene per Mausklick und wählen Sie im Menü *Bearbeiten/Ebene füllen/Füllen mit: Farbe*. Suchen Sie sich einen passenden Ton aus und ziehen Sie die neue Farbebene in der *Ebenen*-Palette mit gedrückter Maustaste nach unten, damit sich der Hase oben befindet. Jetzt ziehen Sie noch eine der Miniaturen bei *Effekte/Ebenenstile/Schlagschatten* auf die „Hasenebene".

- Kopieren Sie den Hasen in die Zwischenablage, damit Sie ihn in anderen Collagen/Grußkarten verwenden können: Dafür schalten Sie zunächst die „Hasenebene" per Mausklick in der Ebenenplatte aktiv und wählen den Zauberstab mit einer Toleranz von 100. Klicken Sie nun mit gedrückter Strg-Taste so oft um den Hasen, bis die ganze Umrandung ausgewählt ist. Mit *Auswahl/Auswahl umkehren* drehen Sie das Ganze um, sodass nicht mehr der Hintergrund, sondern die Hasenform ausgewählt ist. Mit Strg+C kopieren Sie anschließend die Form in die Zwischenablage, mit Strg+V fügen Sie sie in ein anderes Bild ein.

Aus neu mach alt: antikes Foto simulieren

Schöner Effekt für ein historisches Motiv: Lassen Sie die Aufnahme wirken, als sei sie vor langer Zeit entstanden. Das können Sie gleich auf mehrere Arten verwirklichen:

- Ziehen Sie die Miniatur *Sepiaton* (in der *Effekte*-Palette unter *Ebenenstile/Fotografische Effekte*) auf Ihr geöffnetes Bildmotiv im Arbeitsfenster links. Stellen Sie anschließend die Schärfe ein (Strg+F) und korrigieren Sie die Tonwerte (Strg+L) (siehe Seite 64) für eine dramatischere Wirkung. Das Ergebnis:

- Ziehen Sie die Miniatur *Altes Foto* oder *Altes Papier* (in der *Effekte*-Palette unter *Fotoeffekte/Altes Foto*) auf Ihr geöffnetes Bildmotiv:

- Erstellen Sie manuell ein Schwarz-Weiß-Foto mit unscharfem Hintergrund, bei dem Sie alle Einstellungen genau kontrollieren.

Und so setzen Sie Variante 3 um:

1 Wählen Sie im Menü *Überarbeiten/In Schwarzweiß konvertieren*. Im Bedienfenster suchen Sie sich unten den passenden Beleuchtungsstil aus (1) und stellen ihn gegebenenfalls mit den Schiebereglern (2) genauer ein. Bestätigen Sie mit *OK*.

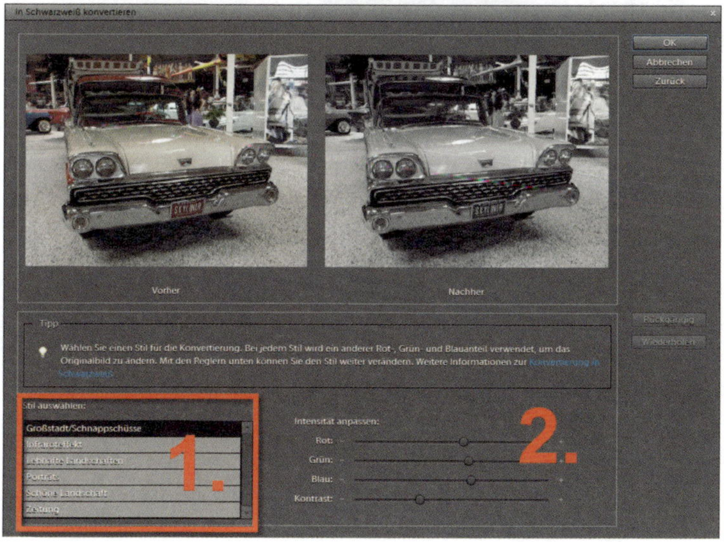

2 Um gezielt das Auto nachzuschärfen und den Hintergrund verschwimmen zu lassen, klicken Sie auf das Polygon-Lasso in der Werkzeugleiste (**1**). Wählen Sie über dem Arbeitsfenster eine weiche Kante von etwa 20 Pixeln und setzen Sie um das Motiv herum an vielen Stellen Mausklicks, um es recht genau einzufassen. Geschlossen wird die Form mit einem Doppelklick – sie erscheint jetzt als animierte Linie (**2**).

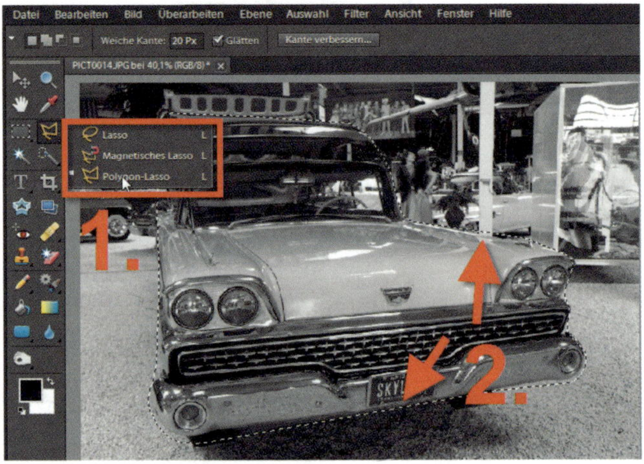

3 Korrigieren Sie für den ausgewählten Bereich die Tonwerte (Strg+L, siehe Seite 64) und wählen Sie anschließend im Menü *Auswahl/Auswahl umkehren*, um nun im Bereich außerhalb des Motivs zu arbeiten.

4 Verwischen Sie die Umgebung, indem Sie *Filter/Weichzeichnungsfilter/Radialer Weichzeichner* wählen und bei den Details *Strahlenförmig* und eine nicht zu hohe Stärke einstellen.

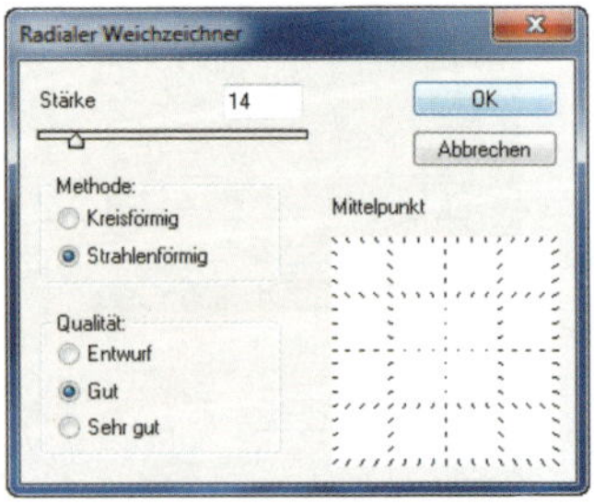

Passender Rahmen fürs „historische" Foto

Möchten Sie Ihre Aufnahme durch einen Fotozackenrand oder künstliche Kratzer noch authentischer wirken lassen, wechseln Sie auf die Registerkarte *Erstellen* und sehen sich bei den Rahmeneffekten um (siehe Seite 107).

Aus alt mach neu: Schwarz-Weiß-Foto kolorieren

So wie Sie ein Bild entfärben können – siehe oben –, lassen sich alte Aufnahmen auch nachträglich kolorieren. Dabei benutzen Sie am besten das Farbe-ersetzen-Werkzeug, das gegenüber dem normalen Malpinsel den Vorteil hat, dass es Kanten und Übergänge zum Teil erkennt.

1 Um alle Farbinformationen (auch Sepiatöne) zu entfernen, wählen Sie im Menü *Überarbeiten/In Schwarzweiß konvertieren* (siehe Seite 103). Klicken Sie anschließend auf der Werkzeugleiste das Werkzeug für Farbe ersetzen an. Sie sehen es, wenn Sie die Maus auf dem normalen Malpinsel in der Werkzeugleiste gedrückt halten. Wählen Sie über dem Arbeitsfenster eine passende Pinselgröße, den Modus *Farbe* sowie *Aufnahme: einmal*.

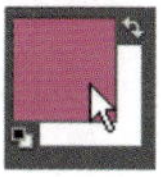

2 Vergrößern Sie die Ansicht des Motivs, das Sie ausmalen wollen (mehrfach Strg+(+)), und nehmen Sie aus dem Farbwahlfeld die erste Malfarbe auf. Dazu klicken Sie in das oben liegende Feld (Vordergrundfarbe) und bestimmen im nächsten Fenster den richtigen Ton durch einen weiteren Klick mit der Maus.

3 Malen Sie nun mit dem Pinsel die gewünschten Flächen aus, am besten zunächst an den Kanten entlang, dann in der Mitte. Supergenau müssen Sie dabei nicht sein – Korrekturen im nächsten Schritt sind ganz einfach. Wiederholen Sie den Malvorgang falls gewünscht mit anderen Farben.

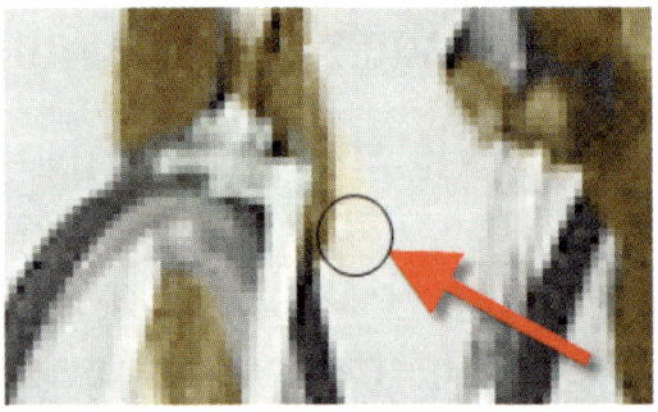

4 Schalten Sie in der Werkzeugleiste zurück auf den ganz normalen Malpinsel und stellen Sie über dem Arbeitsfenster den Modus *Farbe* ein (ganz unten in der Drop-down-Liste). Nachdem Sie das Farbfeld auf Schwarz-Weiß zurückgesetzt haben, wirkt der Malpinsel wie ein Radierer, mit dem Sie zu viel aufgetragene Farbe wieder entfernen können.

Das Ergebnis: ein Radfahrer im Telekom-Trikot anno 1955!

Das passende Drumherum: Foto-Bilderrahmen erstellen

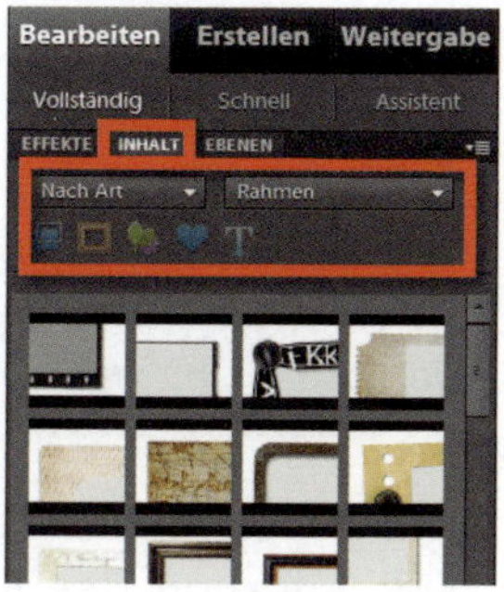

In der *Effekte*-Palette unter *Fotoeffekte/Rahmen* (sichtbar im Bearbeitungsmodus *Voll*) finden Sie drei einfache Rahmen, die Sie auf Ihr Bild ziehen können: *Schlagschatten*, *Textfeld* und *Vertieft*. Da hatten Sie sich mehr erhofft von Photoshop? Zu Recht! Sehen Sie sich auf der Registerkarte *Bearbeiten/Vollständig* den unauffälligen Unterabschnitt *Inhalt* ganz unten rechts an. Hier sortieren Sie *Nach Art* und *Rahmen*, und schon haben Sie eine weitaus größere Auswahl an schönen Rahmeneffekten zur Verfügung, einige davon gleich mit Sepia- oder Verlaufsfiltern.

Und so erstellen Sie einen Bilderrahmen für Ihr Foto:

1 Öffnen Sie ein Bild im Editor und stellen Sie die Größe ein. Mit dem Zuschneiden sollten Sie vorsichtig sein – etwas „Luft" an den Seiten erleichtert die Platzierung im Rahmen.

2 Suchen Sie sich unter *Inhalt/Nach Art/Rahmen* die passende Umrandung. Ziehen Sie diese Bildminiatur mit gedrückter Maustaste auf das Arbeitsfenster links.

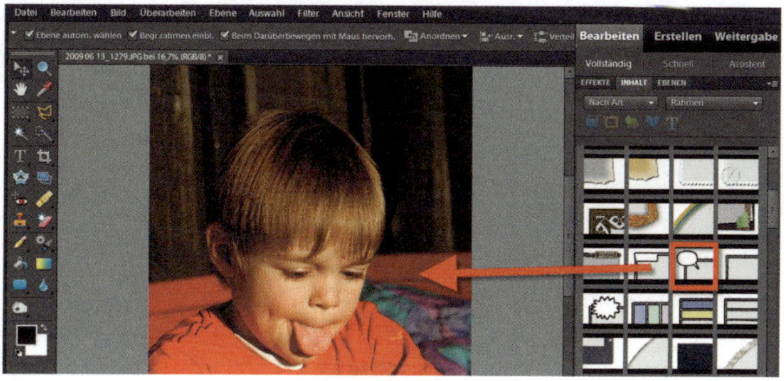

13 x 18 cm zum Ausdrucken gewünscht?

Es geht auch umgekehrt: Erstellen Sie zunächst mit *Datei/Neu* eine leere Datei mit fester Größe und erstellen Sie darauf den Rahmen. Anschließend ziehen Sie geöffnete Fotos aus dem Projektbereich unter dem Arbeitsfenster in den Rahmen. Dieses Vorgehen ist sinnvoll, wenn Sie eine ganz bestimmte Zielgröße für das Dokument vorgesehen haben.

3 In den seltensten Fällen stimmen Platzierung des Rahmens und Fotogröße sofort überein. Keine Sorge – das lässt sich schnell korrigieren. Möchten Sie Foto und Rahmen gemeinsam verkleinern/vergrößern oder drehen, klicken Sie das Foto einmal an und benutzen die Werkzeugleiste (1). Geht es Ihnen darum, nur das Foto innerhalb des Rahmens zu bewegen, klicken Sie doppelt darauf und benutzen wiederum die Werkzeugleiste oder das Verschieben-Werkzeug (2).

Praktischer Befehl: Rahmen an Foto anpassen

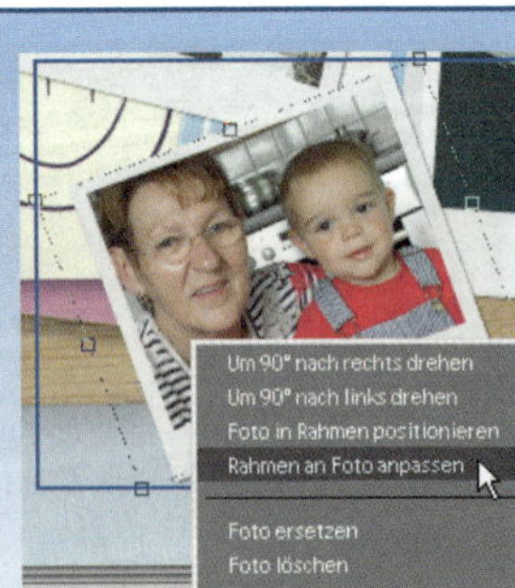

Perfekte Umrandung gewünscht? Natürlich können Sie den Rahmen größer bzw. kleiner ziehen oder das darin enthaltene Foto verschieben. Am schnellsten arbeiten Sie jedoch mit einem rechten Mausklick und wählen aus dem Kontextmenü *Rahmen an Foto anpassen*.

4 Klicken Sie nach Ihren Korrekturen jeweils auf die Symbole *Bestätigen* oder *Abbrechen*.

5 Wechseln Sie oben auf die Registerkarte *Voll* (1), wenn Sie Ihr Motiv weitergehend bearbeiten wollen – zum Beispiel zuschneiden, mit dem Text-Werkzeug beschriften (2) oder schärfen.

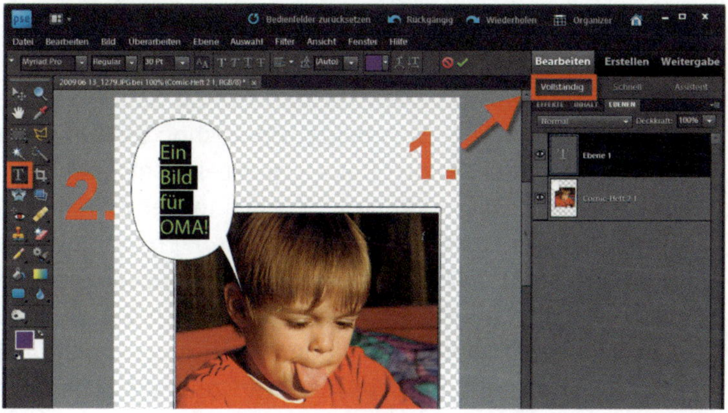

Klärende Worte: Texte und Schriften aufbringen

Wenn Ihr Foto als Titelbild einer Hochzeitszeitung dienen soll oder wenn Sie ein Flugblatt gestalten wollen, geht's nicht ohne Text – und nicht ohne das Text-Werkzeug von Photoshop Elements, das sich bequem bedienen lässt:

1 Wählen Sie in der Werkzeugleiste das Text-Werkzeug aus – horizontal oder vertikal, je nachdem, in welche Richtung der Text zeigen soll. Wechseln Sie dann zur Optionsleiste über dem Arbeitsfenster und stellen Sie Schriftart, Schriftgröße und Farbe ein.

Textplatte auf dem Bild erstellen

Möchten Sie Ihren Text nicht mitten ins Bild schreiben, sondern auf eine Art halbtransparente Plakette? Dann suchen Sie in der *Effekte*-Palette unter *Fotoeffekte/Rahmen* die Miniatur *Textfeld* und ziehen diese auf Ihr Bild. Anschließend können Sie die Eckpunkte markieren und auf die passende Größe schieben.

2 Klicken Sie ins Arbeitsfenster und tippen Sie dort den gewünschten Text ein. Diesen legt Photoshop Elements automatisch auf einer neuen Ebene – quasi einer eigenen Schicht im Bild – an. Das erkennen Sie auch in der *Ebenen*-Palette rechts (**1**, auszuklappen über *Fenster/Ebenen*). Wichtig: Wenn Sie mit dem Text arbeiten wollen, müssen Sie jeweils die Textebene anklicken. Dann erst können Sie die Schrift zum Beispiel mit dem Verschieben-Werkzeug (**2**) richtig platzieren oder erneut mit dem Text-Werkzeug die Schriftgröße korrigieren.

3 Klicken Sie bei aktiviertem Text-Werkzeug (1) auf den Pfeil neben *Stil* in der Leiste über dem Arbeitsfenster (2). In diesem ausklappenden Feld sehen Sie zunächst einige Kantenarten. Klicken Sie eine davon an und ziehen Sie die Miniatur auf die Schrift. Ergänzen Sie weitere Effekte, indem Sie den kleinen Pfeil bei 3 anklicken und andere Stile (zum Beispiel Schlagschatten, Schein nach außen oder komplexe Füllungen) ergänzen.

Weitere Texteffekte gefällig?

Weitere Farbvariationen und Musterfüllungen für Texte finden Sie in der Palette *Inhalt* (einzublenden über *Fenster/Inhalt*) und dort wiederum, wenn Sie *Nach Art/Text* filtern. Auch hier ziehen Sie einfach wieder die Miniatur auf die Schrift – deren Ebene muss dafür natürlich aktiv sein!

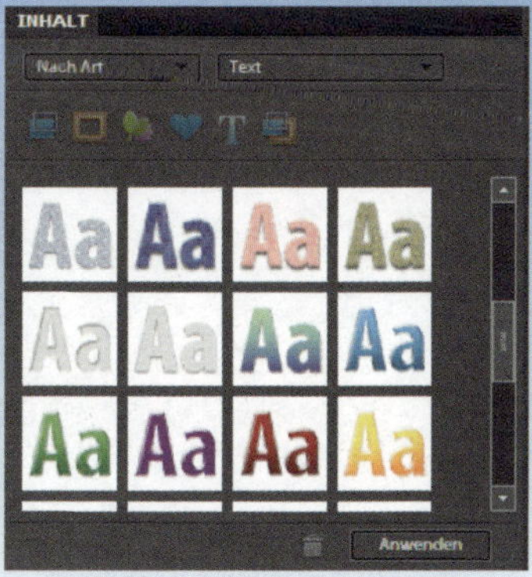

Auf die Schnelle: die besten Tipps und Tricks

Das Rückgängig-Protokoll verwenden

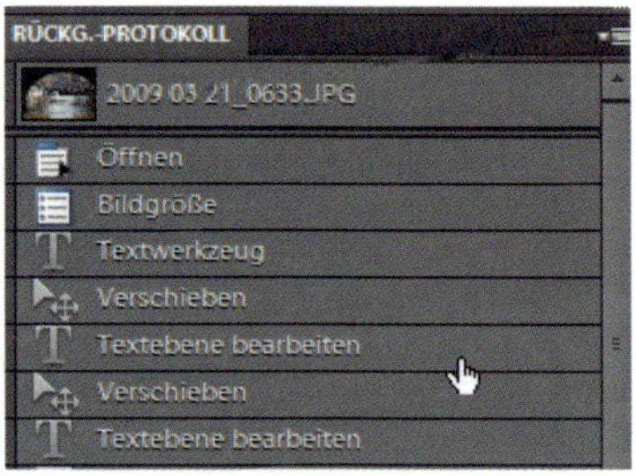

Wenn Sie Filter oder Rahmeneffekte ausprobieren, benutzen Sie vermutlich häufig [Strg]+[Z] oder Rückgängig-Befehle, wenn das Ergebnis nicht so ausgefallen ist, wie Sie sich das vorgestellt haben. Schneller geht's mit der *Rückgängig-Protokoll*-Palette: Blenden Sie sie über *Fenster/Rückgängig-Protokoll* ein und springen Sie in Ihrer Arbeit zurück, indem Sie am linken Rand den entsprechenden Schritt anklicken.

Neue Datei erstellen

Wenn Sie kein vorhandenes Bild öffnen, sondern eine leere Datei erstellen möchten, gibt Ihnen Photoshop Elements Starthilfe: Wählen Sie im Menü *Datei/Neu/Leere Datei* und dann bei *Vorgabe* den Verwendungszweck oder den Dateityp, um den es sich handelt. Details wie Auflösung und Größe sind in dem Fall schon richtig voreingestellt.

Auswahl-Werkzeuge – was unterscheidet sie?

In der Werkzeugleiste von Photoshop Elements finden Sie gleich mehrere Auswahl-Werkzeuge – welches ist das richtige? Das hängt vom Einsatzzweck ab:

- Das *Auswahlrechteck* und die *Auswahlellipse* dienen dem schnellen Zeichnen der entsprechenden geometrischen Formen. Lediglich die Kante (weich oder hart) lässt sich variieren.

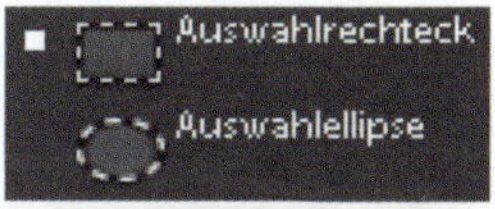

- Mit dem *Lasso* umfahren Sie per Mausbewegung einen unregelmäßig geformten Bereich. *Magnetisches Lasso* sucht sich dabei die Ecken und Kanten weitgehend selbst, während Sie beim *Polygon-Lasso* mit einzelnen Mausklicks viele Begrenzungspunkte um ein Motiv setzen.

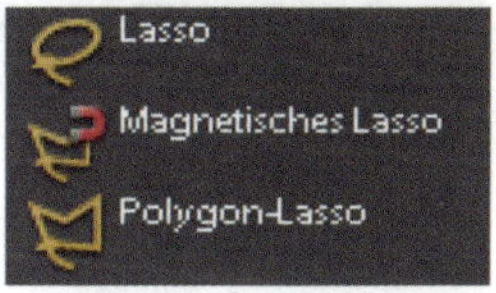

- Der Zauberstab ist der Spezialist für Farben. Per Klick wählen Sie hier Pixel ähnlicher Helligkeit (zum Beispiel im Himmel) aus.

- Das *Schnellauswahl-Werkzeug* sucht sich anhand von Farben und Strukturen die Auswahlbereiche im Bild weitgehend selbst. Beim *Auswahlpinsel* geben Sie mit Mausbewegungen den Auswahlbereich vor.

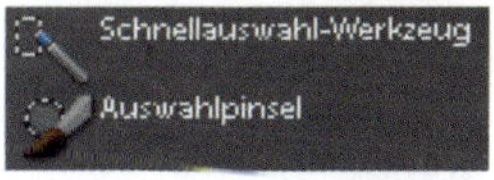

So zeichnen Sie Formen

Halten Sie die Maus über dem Rechteck-Werkzeug (1) gedrückt, und Sie gelangen zu den verschiedenen Formen, die Sie mit Photoshop Elements zeichnen können.

Für einen Stern wählen Sie beispielweise *Polygon* und klicken oben im Optionsfeld (2) *Stern* an. Wählen Sie Farben und Zahl der Ecken, bevor Sie die Form auf der Arbeitsfläche aufziehen und ihr anschließend Füllungen oder Kantenstile (3) zuweisen. Sehr viele Formen (Comic-Figuren, Symbole etc.) verbergen sich übrigens hinter dem Eigene-Form-Werkzeug (das Herzsymbol) in der Werkzeugleiste.

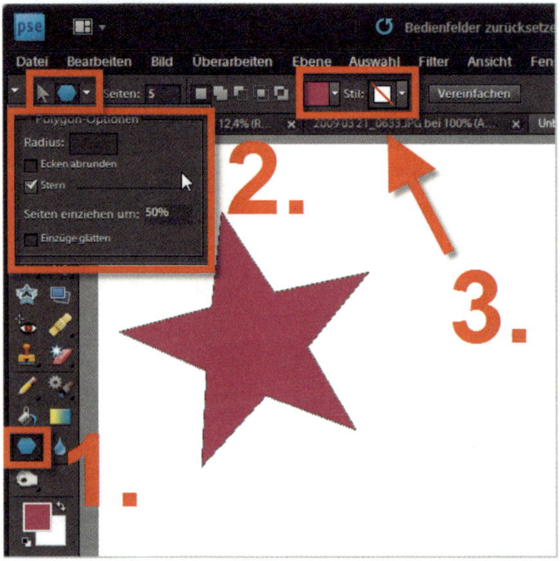

Stile und Stimmungen von anderen Fotos übernehmen

Haben Sie ein Foto, dessen Farbintensität, Farbtiefe, Kontraste Sie für besonders gelungen halten? Dann übertragen Sie diese „Stimmung" doch einfach auf ein anderes Motiv, das Sie im Editor geöffnet haben. Klicken Sie in der *Bearbeiten*-Palette zunächst auf *Assistent/Stil-Übereinstimmung*.

Suchen Sie im Detailfenster dann unten links (1) ein vorgegebenes Motiv, dessen Stil Sie übernehmen wollen, oder fügen Sie über das Pluszeichen (2) Ihre eigene Stilvorlage hinzu. Bei 3 regeln Sie die Details, ein abschließender Klick bei 4 sorgt dafür, dass auch die Tonwerte des Stilbildes (oder bei Schwarz-Weiß die fehlenden Tonwerte!) ins Zielbild geschrieben werden.

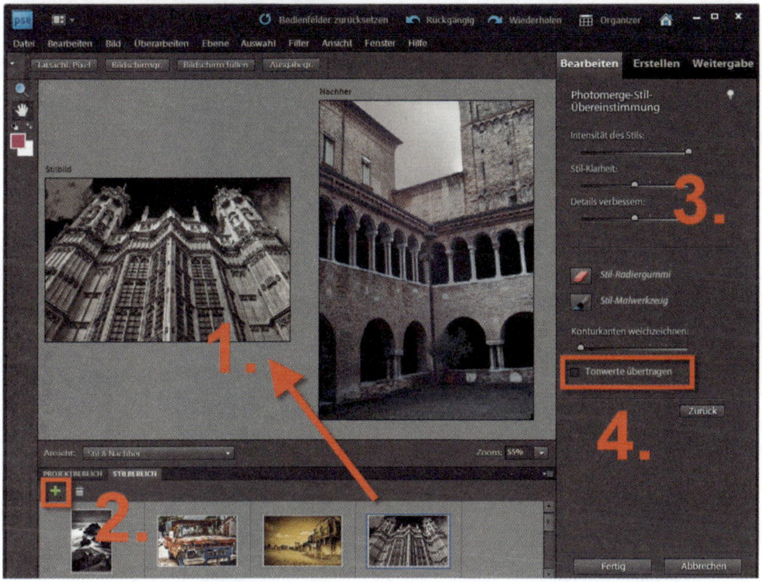

5. Fotos attraktiv präsentieren: fantastische Bildprojekte erstellen

Lassen Sie Ihre Bilder nicht in der Schublade - pardon, auf der Festplatte - verstauben. Eine der großen Stärken von Photoshop Elements sind die vielen durchdachten und gut umsetzbaren Möglichkeiten, Fotos zu präsentieren. Sie finden sie im Arbeitsbereich Editor auf den Registerkarten *Erstellen* und *Weitergabe*:

Befinden Sie sich im Arbeitsbereich Organizer, klicken Sie oben rechts ebenfalls auf die Punkte *Erstellen* und *Weitergabe.* Einige Projekte werden übrigens „arbeitstechnisch" im Editor abgewickelt, andere im Organizer - die jeweils erforderliche Arbeitsumgebung öffnet sich jedoch automatisch.

Urlaub 2010: Reisefotos zur Collage zusammenstellen

Einen schönen Blickfang an der Wand oder auf dem Kaminsims bietet eine Collage Ihrer schönsten Urlaubsfotos. Um dieses Projekt zu verwirklichen, gehen Sie folgendermaßen vor:

1 Klicken Sie im Editor auf *Erstellen/Fotocollage*. Bestimmen Sie hier zunächst die Seitengröße (1). Nur wenn Sie zuvor schon die richtigen Collagenbilder im Editor geöffnet haben, klicken Sie auch auf *Automatisch mit Fotos aus dem Projektbereich füllen* (2). Ansonsten bestätigen Sie unten rechts mit *OK.*

2 Photoshop Elements benötigt nun etwas Rechenzeit und erstellt eine Standardseite mit noch leeren Fotorahmen. Gefällt Ihnen deren Einteilung (1) nicht, dann wechseln Sie auf die Registerkarte *Layout* (2) und entscheiden sich für eine andere Einteilung.

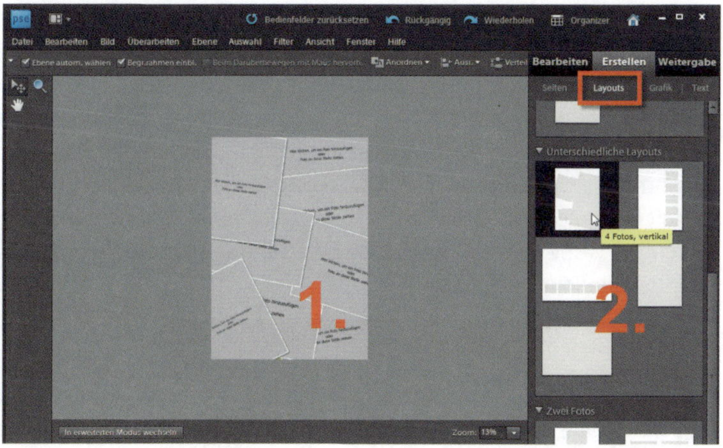

3 Um Bilder in die Rahmen einzusetzen, klicken Sie mit der Maus genau in die Mitte eines solchen Platzhalters (Cursor wird zur Hand), und es öffnet sich das *Durchsuchen*-Fenster. Hier können Sie nun die passenden Motive auswählen und mit *Platzieren* in Ihr Projekt einfügen.

Flotteres Arbeiten mit dem Projektbereich

Erinnern Sie sich noch an die Albumfunktion (siehe Seite 31) innerhalb des Organizers? Wenn Sie schon beim Einlesen Ihrer Bilder die besten Motive zusammengestellt haben, greifen Sie jetzt viel einfacher auf sie zu: Klicken Sie auf die Drop-down-Liste im Projektbereich (das ist die Fläche unter dem Arbeitsfenster) und suchen Sie dort Ihr zuvor angelegtes Album. Die Bilder werden daraufhin im Projektbereich als Miniaturen angezeigt. Das funktioniert auch, wenn Sie im Organizer per Mausklick Motive auswählen und im Projektbereich die Option *Im Organizer ausgewählte Dateien einblenden* wählen. In jedem Fall ziehen Sie die Bilder mit gedrückter Maustaste in Ihre Collage.

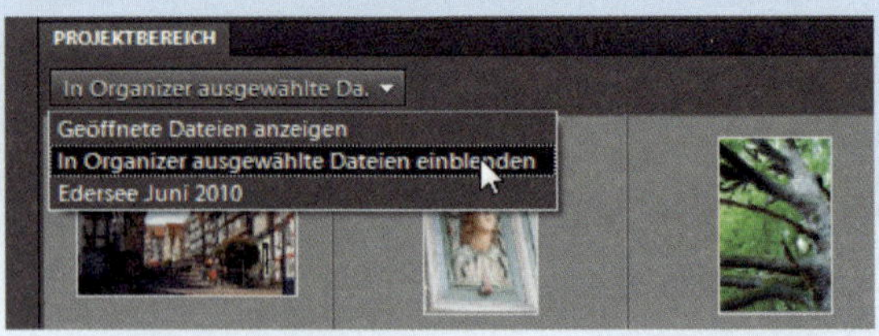

4 Haben Sie bereits einen Bilderrahmen gestaltet (siehe Seite 107)? Dann kennen Sie das Prinzip, nach dem Sie die Fotos exakt in einem Rahmen platzieren: Möchten Sie Foto und Rahmen gemeinsam verkleinern/vergrößern oder drehen, wählen Sie das Verschieben-Werkzeug und klicken das Foto einmal an. Dann benutzen Sie die Anfasser- oder Eckpunkte. Geht es Ihnen darum, nur das Foto innerhalb des Rahmens zu bewegen, klicken Sie es doppelt mit der linken Maustaste an und verwenden die daraufhin erscheinende Bedienleiste (1).

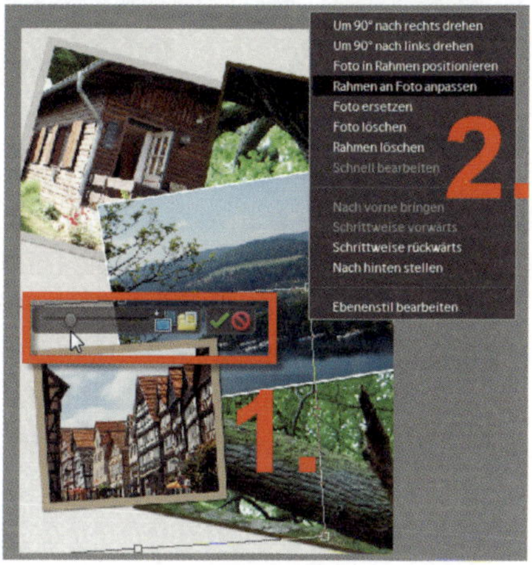

Alternativ klicken Sie das Bild einmal mit der rechten Maustaste an und sehen im Kontextmenü (2) weitere mögliche Befehle wie *Foto in Rahmen positionieren*, *Foto ersetzen* oder auch *Nach vorne bringen*, wenn Sie die „Stapelreihenfolge" der Bilder ändern möchten. Änderungen bestätigen Sie jeweils mit dem Klick auf das grüne Häkchen – oder Sie verwerfen den letzten Schritt mit dem Abbrechensymbol in der Werkzeugleiste.

5 Geben Sie Ihrer Collage den letzten Schliff, indem Sie auf den Registerkarten *Grafik* und *Text* (1) Rahmeneffekte und Beschriftungen ergänzen. Rahmen werden hinzugefügt, indem Sie bei *Grafik* die entsprechende Miniatur auf die Collage ziehen, für Beschriftungen klicken Sie auf *Textblock hinzufügen* (2). Die Position ändern Sie über das Verschieben-Werkzeug (3), optional ziehen Sie eine Textur oder einen Farbverlauf (4) auf den Titel.

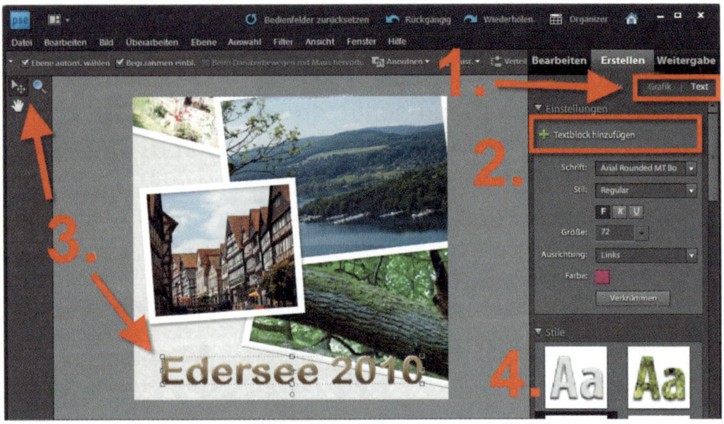

6 Speichern Sie Ihre Kreation sicherheitshalber über *Datei/Speichern unter* im Format PSD oder PSE (siehe Seite 79). Nur so bleiben die einzelnen Bildbestandteile (Ebenen) erhalten und lassen sich auch beim späteren Öffnen nachbearbeiten. Speichern Sie Ihr Werk zusätzlich als JPG oder BMP, wenn Sie es ausdrucken oder in einem Word-Dokument verwenden wollen. Ansonsten können Sie auch die Option *Drucken* wählen – *Fertig* schließt Ihr Werk.

Bilder innerhalb der Collage weiterbearbeiten

Möchten Sie die Bilder innerhalb der Collage schärfen oder mit Effekten versehen, wechseln Sie auf *Vollständig* im Palettenbereich rechts oben. Achten Sie darauf, in der *Ebenen*-Palette die richtige „Schicht" per Klick zu aktivieren, bevor Sie tätig werden.

„Unsere Kinder": komplettes Fotoalbum zum Verschenken

Bildbände sind die „großen Brüder" der Fotocollagen (siehe oben) und maßgeschneidert für den mehrseitigen Ausdruck. Das macht sie zum idealen Geschenk zum Beispiel für stolze Eltern oder Großeltern:

1 Öffnen Sie im Projektbereich des Editors (siehe Seite 118) die Fotos, die Sie für Ihren Bildband benutzen möchten, oder markieren Sie sie im Organizer. Wählen Sie anschließend im Palettenbereich rechts *Erstellen/Projekte/Bildband.*

2 Wählen Sie wie bei der Fotocollage eine Zielgröße (1) und eines der vorgefertigten Themen (2). Bei 3 legen Sie die Zahl der zu erstellenden Seiten fest, bevor Sie mit *OK* bestätigen.

3 Blättern Sie sich durch die von Elements 9 erstellten Seiten (1) und füllen Sie sie mit den Aufnahmen aus dem Projektbereich (2). Schalten Sie bei 3 zwischen einfachem und erweitertem Modus hin und her, wenn Sie auf Werkzeuge oder

auf Ebenen zugreifen müssen. Über die Registerkarten *Grafik* und *Text* (**4**) ergänzten Sie weitere Beschriftungen und dekorative Cliparts.

5 Sichern Sie Ihren Entwurf mit *Datei/Speichern* – und zwar im Fotoprojektformat .PSE. So ist der Bildband auch später editierbar, und Sie können ihn ändern oder ergänzen.

6 Um das Album auszudrucken, wählen Sie unten im Palettenbereich den Button *Drucken*. Im *Drucken*-Fenster sehen Sie in der Übersichtsleiste links die Vorschaubilder der gestalteten Seiten (**1**). In der Mitte blättern Sie die Detailansichten mit den Pfeiltasten (**2**) weiter. Bei den *Druckeinstellungen* (**3**) wählen Sie Ihren Fotodrucker und die passenden Formate aus. Legen Sie gegebenenfalls stärkeres Papier oder Fotopapier in den Drucker ein und bestätigen Sie mit *Drucken*.

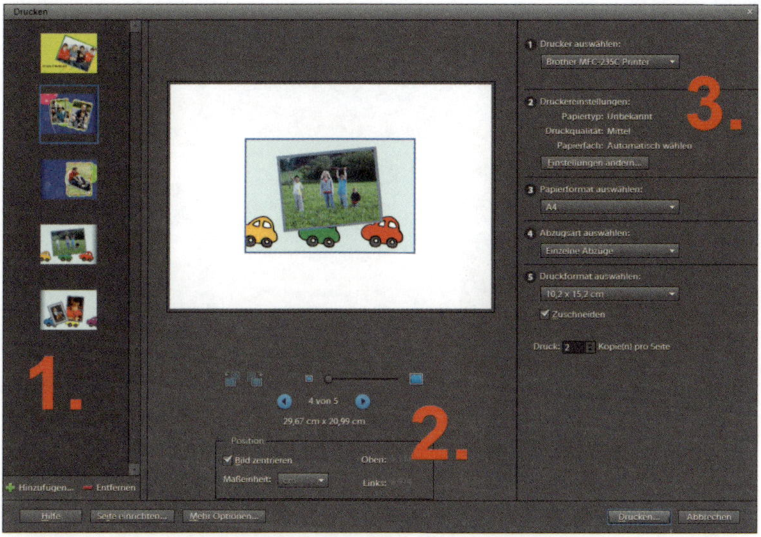

Das Fotoalbum professionell abziehen lassen?

Wenn Sie Ihren gerade erstellten und gespeicherten Bildband im Organizer markieren und anschließend auf *Datei/Abzüge bestellen* klicken, gelangen Sie zur Kodak Gallery Deutschland. Hier müssen Sie sich zunächst anmelden, um anschließend Ihre Abzüge bestellen zu können. Eine Auswahl anderer Anbieter ist leider nicht vorgesehen.

„Happy birthday“: Grußkarte gestalten und ausdrucken

Dieses Projekt finden Sie unter *Erstellen/Grußkarte*. Das Detailfenster fragt ab, welche Kartengröße und welches Seitenthema Sie möchten. Danach fügen Sie Ihr Wunschmotiv ein, korrigieren Layout oder Hintergründe, ergänzen Grafikelemente und Schriften – das funktioniert genau wie beim Fotocollage-Projekt (siehe Seite 116).

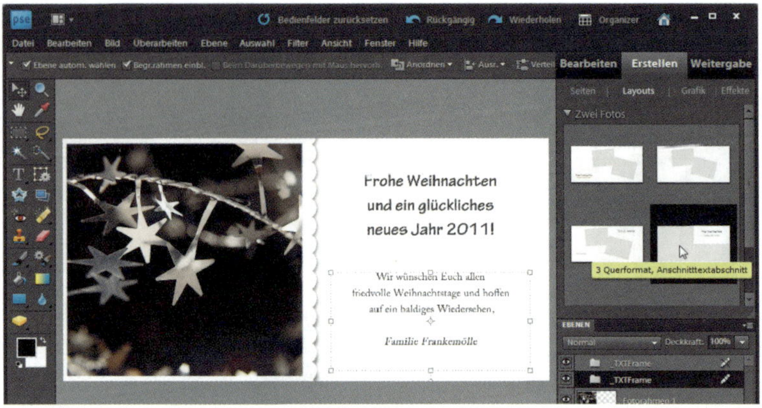

Speichern Sie Ihre Kreation, bevor es ans Drucken geht:

1 Schieben Sie festes Papier (Karton oder Fotopapier) in Ihren Drucker – schließlich möchten Sie die Karte nicht auf dünnem Schreibpapier weitergeben. Wählen Sie im Menü *Datei/Drucken* oder Drucken im Palettenbereich unten rechts.

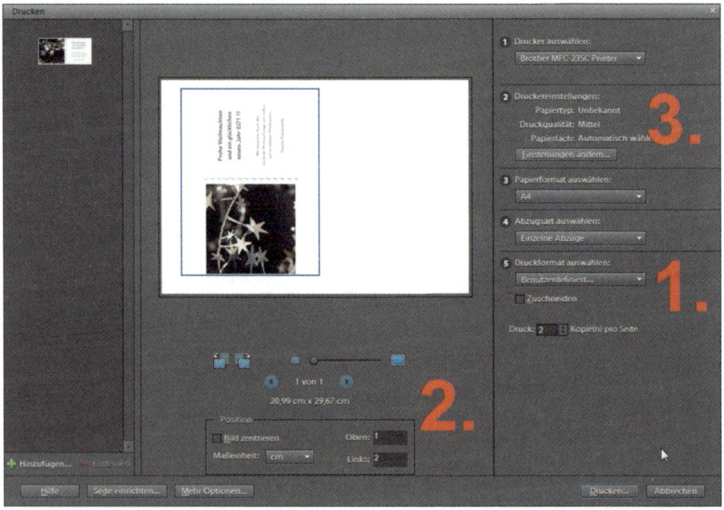

2 Wählen Sie im Druckfenster zunächst das Druckformat Ihrer Karte (**1**) und drehen Sie sie bei (**2**) gegebenenfalls um 90 Grad nach rechts. Nur so passen später zwei Exemplare auf ein Blatt. Achten Sie auch darauf, den Punkt *Einstellungen* (**3**) anzuklicken, um dem Drucker über *Einstellungen ändern* mitzuteilen, dass Sie ein anderes Papier verwenden. Nur dann wird der Druck entsprechend optimiert. Bestätigen Sie mit *Drucken*.

Weihnachtsgeschenk aus der Hausdruckerei

Brauchen Sie noch ein Weihnachtsgeschenk für liebe Verwandte oder Freunde? Gestalten Sie doch mit Photoshop Elements 9 einen Fotokalender – 25 Blätter (Titel, 12 Monats- und 12 Fotoblätter) im Format DIN A4 quer. Beginnen Sie mit *Erstellen/Fotokalender* und achten Sie darauf, im ersten Bedienfenster den richtigen Startmonat (Januar des kommenden Jahres) einzugeben. Wie Sie die Rahmen mit Inhalt füllen und Titel aufbringen, wissen Sie bereits von den Fotocollagen her (Seite 116).

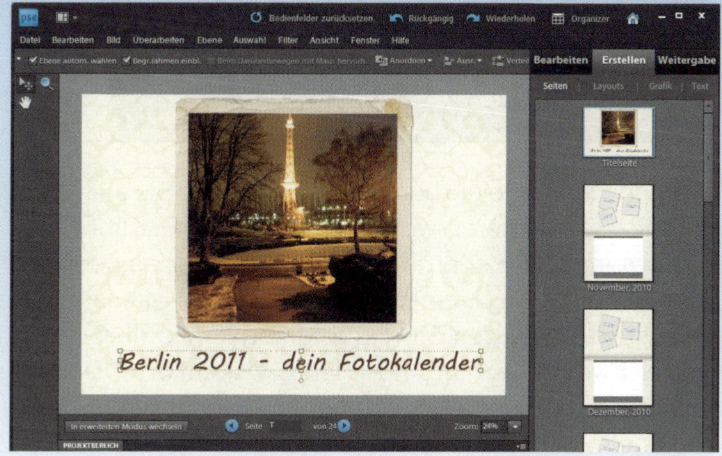

Gestatten ... elegante Visitenkarten anfertigen

Wenn Sie keine Großauflage, sondern nur eine Handvoll Visitenkarten benötigen, müssen Sie nicht extra zur Druckerei gehen – fertigen Sie die Kärtchen doch selbst an. Am besten kaufen Sie jedoch zunächst im Fachhandel spezielles gestanztes Visitenkartenpapier – auf der Verpackung steht genau, wie groß Sie Ihre Grafikvorlage gestalten müssen. Das variiert von Fabrikat zu Fabrikat.

1 Erstellen Sie über *Datei/Neu* ein leeres Dokument. Wählen Sie die Größe wie folgt, wenn Ihnen der Hersteller des Visitenkartenpapiers keine anderen Größenvorgaben macht:

2 Öffnen Sie im Projektbereich die Fotos, die Sie auf Ihrer Visitenkarte platzieren wollen. Das funktioniert über *Datei/Öffnen* im Menü oder indem Sie die Bilder aus dem Windows-Explorer ins Elements-Fenster ziehen. Mit gedrückter Maustaste bewegen Sie die Bildmotive aus dem Projektbereich weiter auf Ihre noch leere Visitenkarte. Dort passen Sie Größe und Ausrichtung an – wie bereits beschrieben beim Bilderrahmen-Projekt (siehe Seite 107).

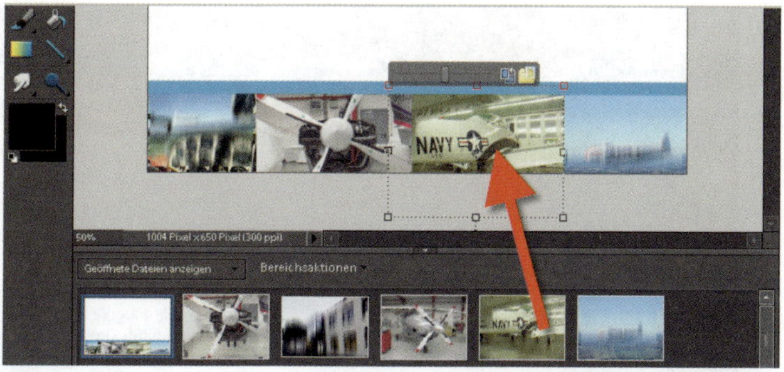

Arbeiten mit der Ebenen-Palette

Wenn auf der Visitenkarte das linke Foto das rechte überlagert, obwohl Sie es umgekehrt vorgesehen haben, ändern Sie die Stapelfolge in der *Ebenen*-Palette: Markieren Sie dort die entsprechende Schicht und ziehen Sie sie mit gedrückter Maustaste nach oben, bis das Bild an der korrekten Position erscheint.

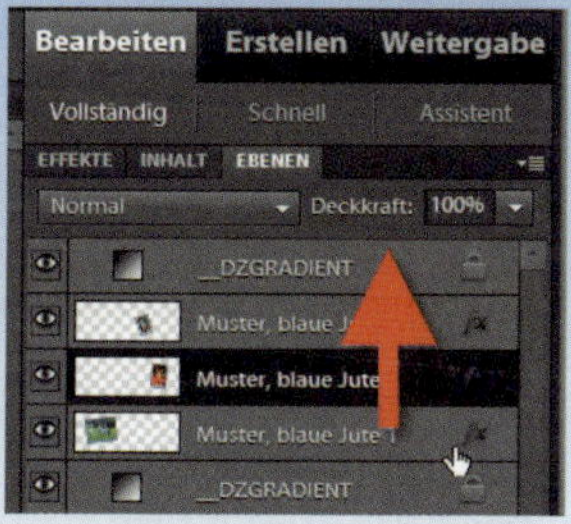

3 Um eine Abgrenzung zwischen den Fotos unten und dem Textbereich darüber zu erhalten, wählen Sie das Rechteck-Werkzeug. Ziehen Sie damit eine schmale Linie auf und verschieben Sie sie an die passende Position. Wechseln Sie anschließend zum Text-Werkzeug, um Ihren Namen und Ihre Daten einzugeben, wie auf Seite 130 beschrieben. Bei der Formatierung und Ausrichtung des Textes helfen Ihnen die Symbole über dem Arbeitsfenster (1). Weiterhin haben Sie die Möglichkeit, den markierten Text an einer Form auszurichten oder ihn von horizontal auf vertikal umzustellen (2). Speichern Sie zu guter Letzt Ihren Entwurf im PSE-Format.

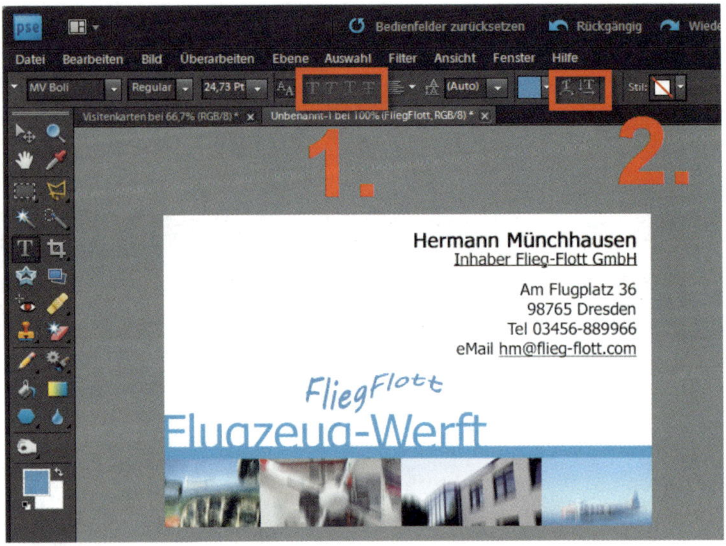

4 Um die Visitenkarten zu drucken, schieben Sie zunächst das spezielle Visitenkartenpapier (oder den dickeren Karton) in den Drucker. Wechseln Sie dann in den Organizer (dem Editor fehlt diese Funktion!), markieren Sie dort Ihre Visitenkartendatei und klicken Sie im Menü *Datei/Drucken*. Im Fenster *Fotos drucken* wählen Sie zunächst rechts die Abzugsart *Bildpaket* (1) und bei *Layout auswählen* das Format *A4-Papier (10) Visitenkarte 55 x 91* (2). Setzen Sie einen Klick bei *Seite mit erstem Foto füllen* und bestätigen Sie mit *Drucken* (3).

Schnelle Visitenkartenvariationen

Wenn Sie mehrere Varianten Ihrer Visitenkarten entwickeln möchten, speichern Sie Ihr Werk zunächst. Ändern Sie dann Textausrichtung oder Hintergrundfarbe und binden Sie andere Bilder ein, bevor Sie die Datei (und darauf sollten Sie achten) unter einem neuen Namen erneut speichern.

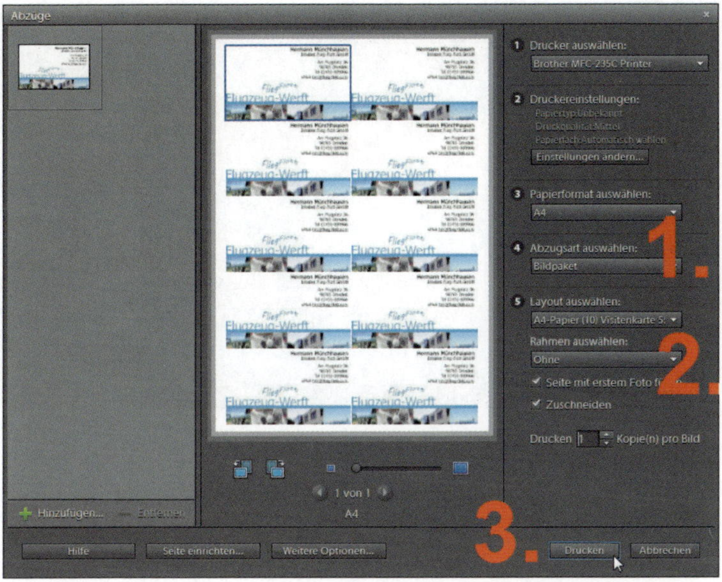

Photoshop multimedial: CD-/DVD-Etiketten gestalten

Die CD oder DVD mit der eigenen Fotoshow (siehe Seite 132) kommt noch besser an, wenn Sie auch Hülle und Aufkleber selbst gestalten. Schauen Sie dazu in *Erstellen/Mehr Optionen*. Die Vorgehensweise für CD- oder DVD-Hüllen kennen Sie bereits von der Fotocollage (siehe Seite 116) – beim Etikett können Sie jedoch noch einige neue Texttricks ausprobieren:

1 Wählen Sie *Erstellen/Mehr Optionen/CD-/DVD-Etikett*. Bestätigen Sie das erste Fenster mit einem schnellen *OK* – an- oder abzuwählen gibt es hier eh nichts. Dafür wechseln Sie nach Erstellen der Vorlage (1) zu *Layout* im Palettenbereich (2) und legen fest, wie viel Fotomotive Sie verwenden wollen. Wechseln Sie anschließend in den erweiterten Modus (3).

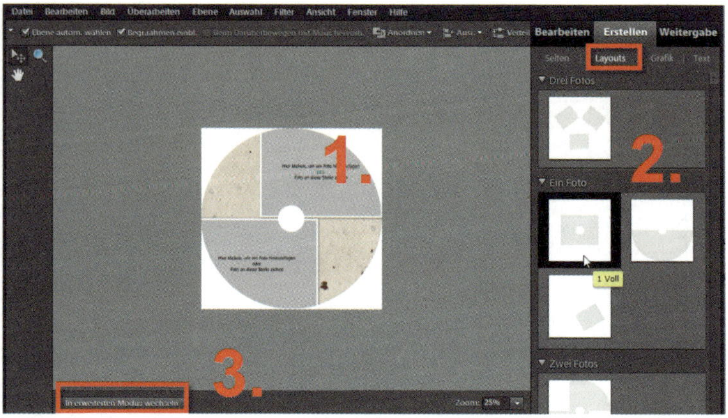

2 Falls Sie keine passenden Fotomotive für Ihre CD-Hülle haben, löschen Sie die „Fotoflächen“ einfach über Ebenenpalette (1). Stattdessen finden Sie auf der Registerkarte *Grafik* passende Hintergründe (2), die sich mit gedrückter linker Maustaste aufs Bild ziehen lassen.

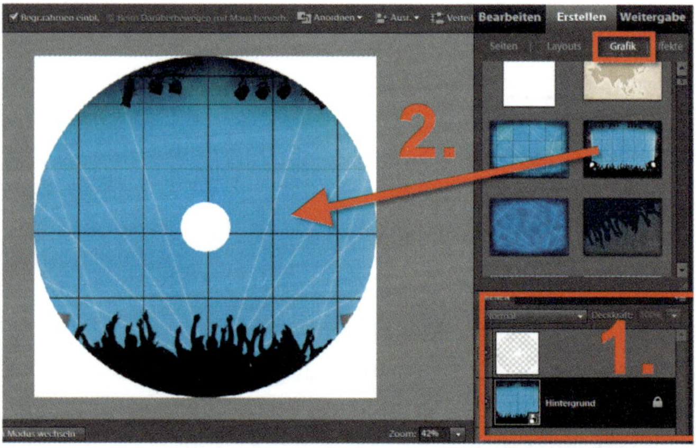

3 Wie wäre es mit einem Text in gebogener Form? Wählen Sie in der Werkzeugleiste links das Text-Werkzeug (1). Über dem Arbeitsfenster stellen Sie Schriftart, Schriftgröße und

Schriftfarbe ein (2), bevor Sie nach einem Klick auf die Datei Ihren Wunschtext eintippen.

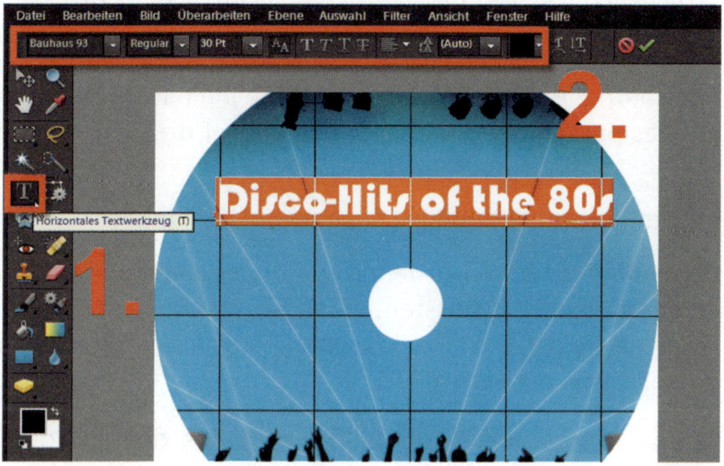

4 Bei immer noch aktivem Text-Werkzeug markieren Sie den Text mit gedrückter Maustaste, er erscheint dann unterlegt. Klicken Sie im Menü auf das Symbol *Verkrümmten Text erstellen*. In unserem Fall passt in der Drop-down-Liste der Stil *Wölbung*, mit den Schiebereglern darunter können Sie den Text noch weitergehend verdrehen. Bestätigen Sie mit *OK*.

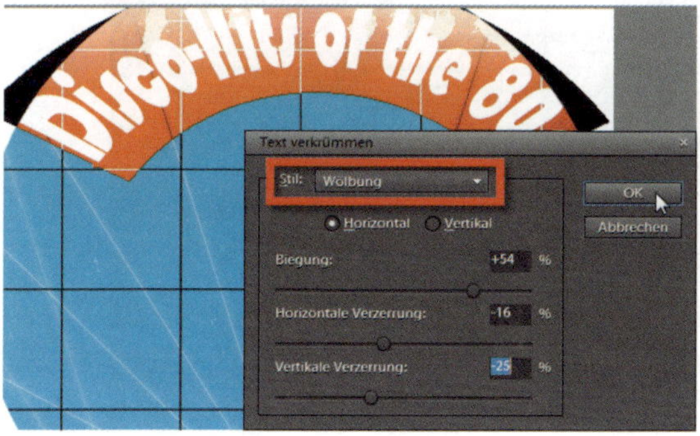

5 Um den Text an seine endgültige Position zu bringen, wählen Sie das Verschieben-Werkzeug und bewegen die Schrift mit gedrückter Maustaste. Dazu muss die Textebene ausgewählt sein.

Speichern Sie Ihren Entwurf, bevor Sie ihn mit *Datei/Drucken* auf das passende Aufkleber-Spezialpapier drucken.

Im Großformat: Elements-Diashow am Fernseher

Vorbei sind die Zeiten, in denen erst Diaprojektor und Leinwand aufgebaut werden mussten. Wenn Sie über einen DVD-Player verfügen, zeigen Sie Ihre schönsten Fotos als effektvolle Fotopräsentation am Fernseher.

1 Zur Vorbereitung markieren Sie alle Fotos, die Sie in die Diashow aufnehmen wollen, im Organizer-Arbeitsbereich. Genauso gut können Sie alle Motive im Editor-Arbeitsbereich öffnen. Wählen Sie anschließend im Palettenbereich rechts *Erstellen/Diashow*.

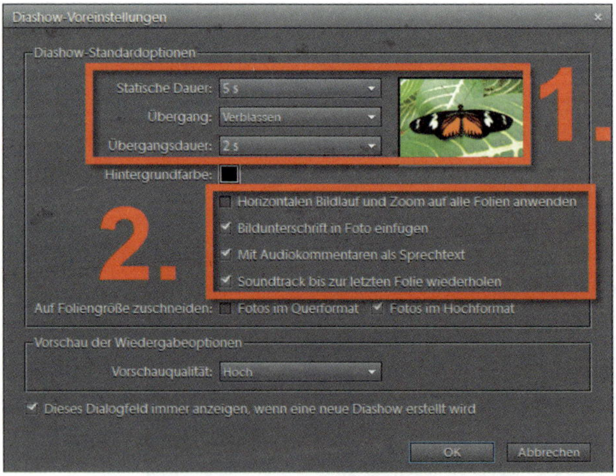

2 Beginnen Sie mit den Grundeinstellungen: Wie lange soll jedes Bild gezeigt werden, wie sind die Übergänge zu gestalten? Wir haben fünf Sekunden gewählt sowie ein zweisekündiges Verblassen zwischen den einzelnen Motiven (1). Wenn Sie möchten, können Sie bei den Optionen (2) Bildunterschriften, Audiokommentare oder einen Soundtrack „zuschalten“, bevor Sie mit *OK* bestätigen.

3 Das Diashow-Arbeitsfenster ist nicht gerade übersichtlich. Lassen Sie sich dadurch nicht verwirren, sondern gehen Sie Schritt für Schritt vor. Bringen Sie die Bilder zunächst in die richtige Reihenfolge, indem Sie unten über dem „Zeitstrahl“ auf *Schnell neu ordnen* klicken.

4 Im nächsten Fenster ziehen Sie die Bildminiaturen mit gedrückter Maustaste an ihre richtige Position (1). Über *Zurück* (2) gelangen Sie wieder zum Diashow-Editor.

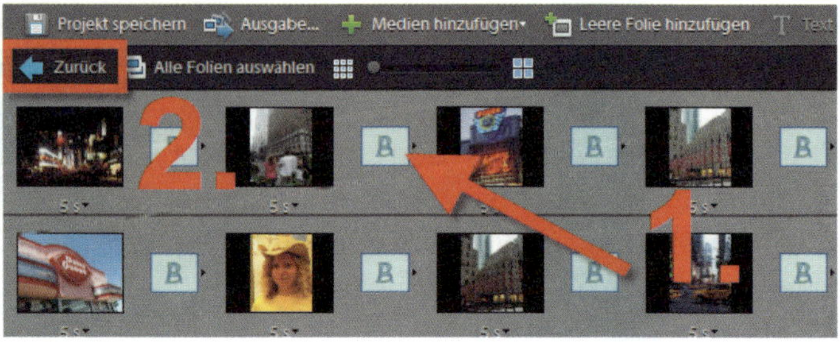

5 Möchten Sie einige Fotos mit Grafiken verzieren, mit Text beschriften oder mit Audiokommentaren versehen? Dann klicken Sie zunächst unten im „Zeitstrahl" (**1**) das Motiv an, das Sie verschönern wollen, und sehen sich danach den Bereich *Extras* oben rechts an. Hier finden Sie viele Cliparts und Sprechblasen, die Sie mit gedrückter Maustaste auf das Vorschaufenster ziehen können. Oder wählen Sie einen Textstil (**2**), tippen Sie einen Titel ein und formatieren Sie diesen nach Geschmack (**3**).

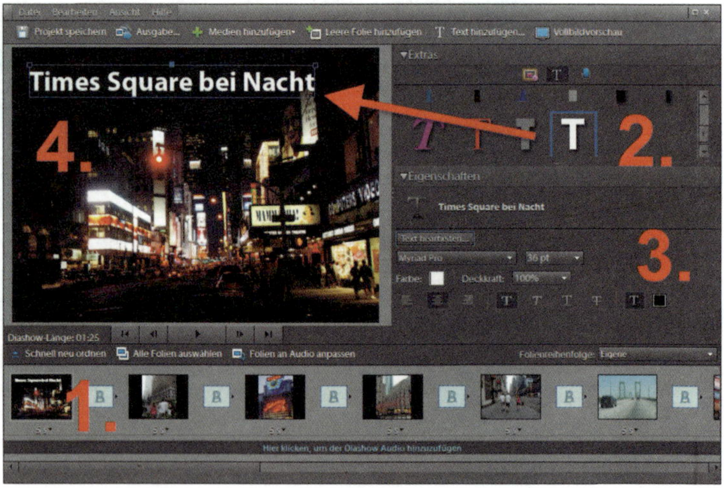

6 Sobald Sie die großformatige Fotovorschau (**4**, Abb. oben) anklicken, können Sie im Bedienfeld *Eigenschaften* auch noch Bildkorrekturen vornehmen. Stellen Sie die Größe ein, starten Sie die Auto-Korrektur oder schalten Sie mit *Weiter bearbeiten* den *Voll*-Modus im Arbeitsbereich Editor ein.

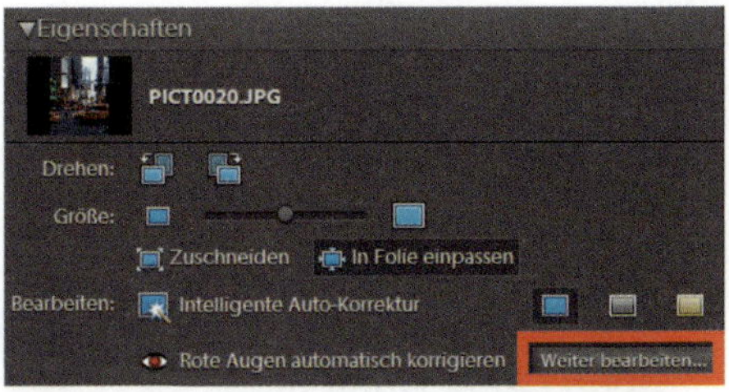

7 Es fehlt noch das passende Intro: Klicken Sie im Fenster auf *Leere Folie hinzufügen* (**1**) und schieben Sie diese neue „Aufnahme" unten in der Zeitleiste mit gedrückter Maustaste ganz an den Anfang der Diashow (**2**). Mit den Werkzeugen für Text, Grafik und Audioeinblendung, die Sie schon aus Schritt 5 kennen, gestalten Sie diesen Abschnitt.

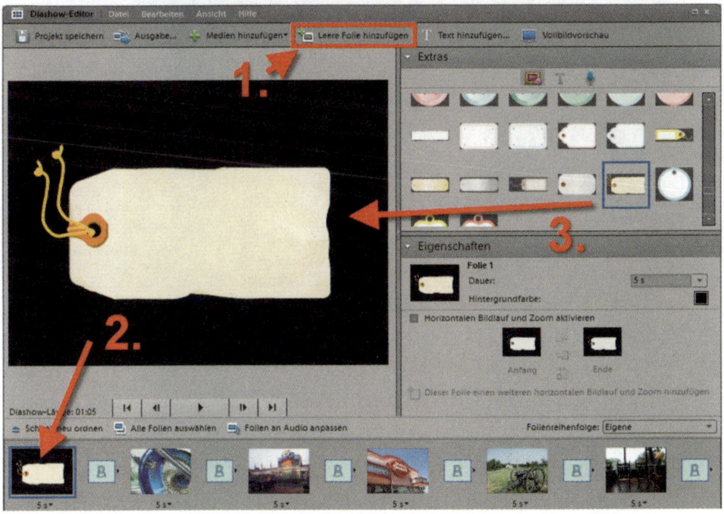

8 Zeit für einen ersten Test Ihrer Show: Klicken Sie die Play-Taste unter dem Vorschaufenster an (**1**) und begutachten Sie vor allem die Übergänge. Diese gefallen Ihnen nicht? Wählen Sie den (sehr) kleinen schwarzen Pfeil neben dem Übergangssymbol (**2**). In der ausklappenden Liste (**3**) können Sie eine andere Transformation aussuchen oder ganz oben *Ohne* wählen.

9 Alles okay? Dann sollten Sie nun auf *Projekt speichern* oben links klicken, um den Stand Ihrer Arbeit zu sichern. Das Projekt ist später weiterbearbeitbar – Sie können die Show also verkürzen, verlängern und nachträglich vertonen, wenn Sie die Datei im Organizer doppelt anklicken, also öffnen.

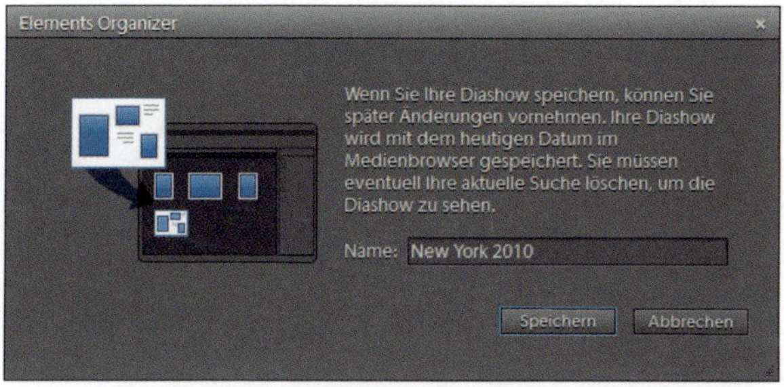

10 Ein Klick auf *Ausgabe* im Hauptfenster bringt Sie zu den Exportformaten. Falls Sie Ihre gerade erstellte Diashow via DVD-Player auf dem Fernseher betrachten möchten, wählen Sie *Auf Datenträger brennen* und bestätigen mit *OK*.

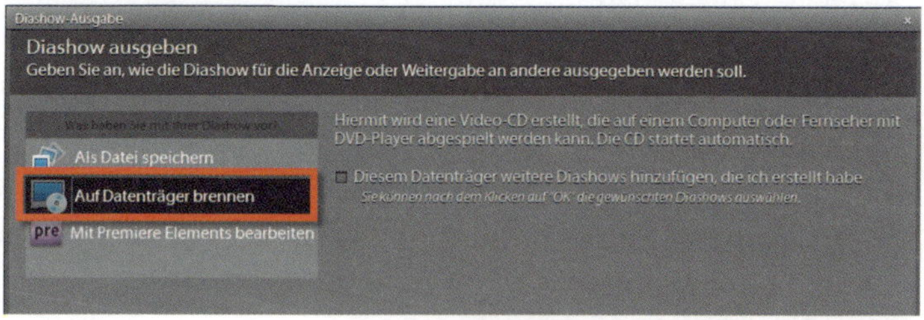

11 Setzen Sie im Fenster *Brennen* einen Klick bei *PAL* (zumindest wenn Sie ein europäisches Fernsehgerät haben) und bestätigen Sie mit *OK*.

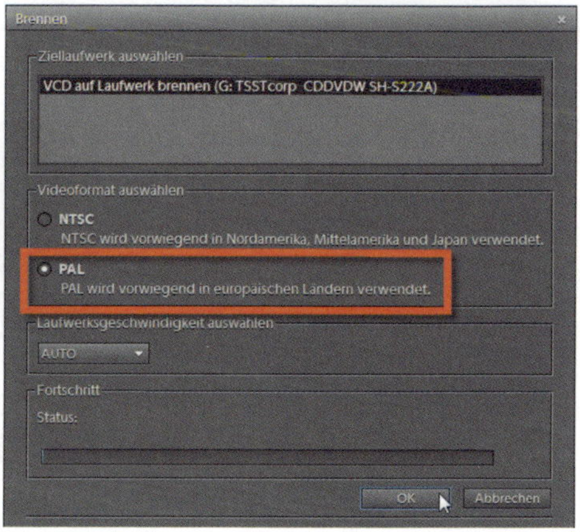

Weitere Ausgabeformate für die Diashow

Die Diashow lässt sich auch in anderen Formaten für unterschiedliche Verwendungszwecke ausgeben. Klicken Sie jeweils auf *Ausgabe* und wählen Sie:

Als Datei speichern – Filmdatei (.wmv), wenn Sie eine Videodatei als E-Mail-Anhang oder fürs Internet erzeugen möchten. Auch DVD und Video-CD lassen sich hier schreiben, siehe Schritt oben. Achten Sie darauf, die jeweils passende Größe für das Zielgerät einzustellen.

Als Datei speichern – PDF-Datei (.pdf), wenn Sie die Diashow zum Beispiel als E-Mail-Anhang an Mac-OS-Rechner verschicken wollen. Die PDF-Datei, quasi eine blätterbare Broschüre, kann auf vielen Computern gelesen werden, einige Übergangseffekte entfallen dabei unter Umständen.

Fotos weltweit: Bildergalerie fürs Internet erstellen

Die Onlinefotogalerie von Photoshop Elements ist ein Highlight des Programms und sehr bequem zu bedienen. Probieren Sie es aus: In 30 Minuten stellen Sie eine Bildergalerie ins Internet, auf der Sie der weit verstreuten Verwandtschaft Babyfotos zeigen oder ein überregionales Publikum auf Ihre Küchenkreationen aufmerksam machen.

1 Stellen Sie zunächst im Organizer das Material für die Bildergalerie zusammen. Klicken Sie dazu bei *Alben* auf das grüne Pluszeichen und wählen Sie *Neues Album*, das Sie beispielsweise „Bilder für Homepage“ nennen.

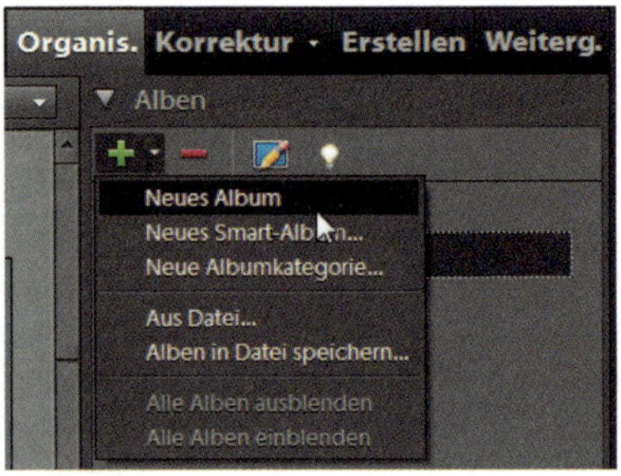

Onlinegalerie vom Editor aus starten

Sie müssen nicht den Weg über Organizer und Alben nehmen – auch im Editor können Sie *Weitergabe/Online-Album* wählen. Hier werden dann alle geöffneten Fotos übernommen. Die weitere Verarbeitung erfolgt danach im Organizer, der sich automatisch öffnet.

2 Um die Bilder dort einzusortieren, ziehen Sie bei gedrückter Maustaste die gewünschten Motive aus dem Fotobrowser auf das *Bilder für Homepage* unter *Album*.

3 Sehen Sie sich den Inhalt des Ordners an, indem Sie auf das Symbol *Bilder für Homepage* klicken. Die Reihenfolge stimmt nicht? Ziehen Sie die Miniaturen einfach mit gedrückter Maustaste an die richtige Position.

4 Möchten Sie die Bilder mit einem Titel versehen? Dann klicken Sie die Vorschaubildchen mit der rechten Maustaste an und wählen *Bildtitel hinzufügen*. Für längere Kommentare wählen Sie *Eigenschaften* im Kontextmenü und dort wiederum die Registerkarte *Allgemein* (siehe Seite 31).

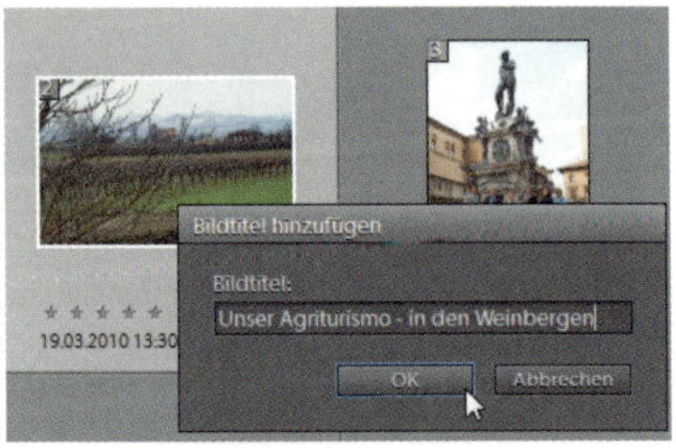

5 Um den Inhalt eines per Klick markierten Albums zu sichten und gegebenenfalls zu ergänzen, klicken Sie auf das Bearbeitensymbol im *Album*-Bereich.

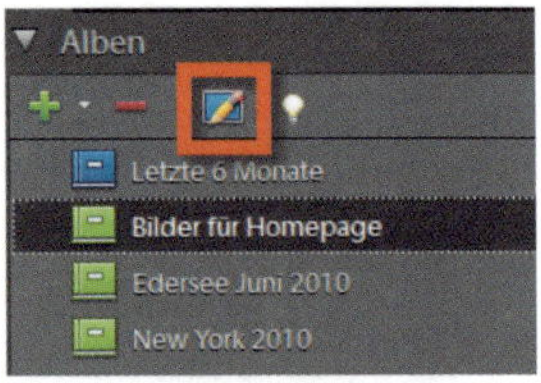

6 Passen Sie im Detailfenster den Namen an und fügen Sie gegebenenfalls über das Plus- oder Minuszeichen weitere Bilder hinzu (**1**). Wechseln Sie dann zur Registerkarte *Weitergabe* (**2**).

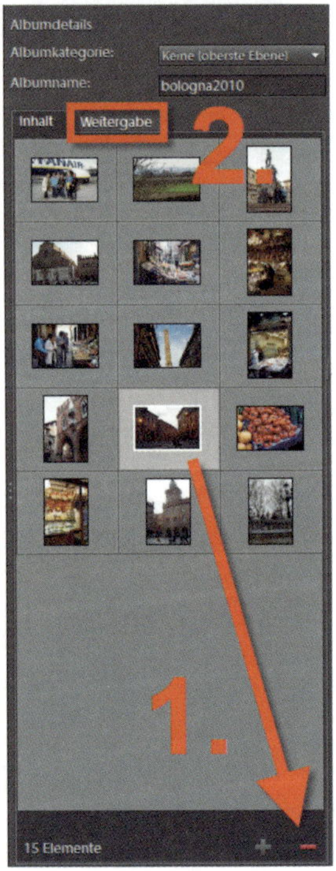

7 Photoshop Elements erstellt Ihnen nun die Albumvorschau (kann etwas dauern) und wendet dabei standardmäßig im nächsten Galeriefenster den Galerietyp *Notizbuch* (zu sehen im Vorschaufenster, **1**, Bild auf Seite 141) an. Möchten Sie ein anderes Layout verwenden, suchen Sie sich in der Leiste oben (**2**) einfach ein anderes Muster aus und passen optional den angezeigten Titel sowie Bildunterschriften an. Danach wählen Sie rechts *Weitergabe* (3) – *Photoshop Showcase* ist die passende Option, wenn Sie keinen eigenen Web-Speicherplatz besitzen (siehe Seite 142), haben Sie eine eigene Homepage, klicken Sie *Auf Festplatte exportieren* an und geben den Speicherort vor. Zuletzt klicken Sie auf *Weiter*.

8 Um die Galerie ins Web zu übertragen, öffnen Sie Ihr FTP-Programm und übertragen den gerade von Photoshop generierten Ordner auf Ihren Web-Speicherplatz. Anschließend rufen Sie Ihr Projekt unter seiner Webadresse nach dem Muster *http://www.ihredomain.de/Ihr-Albumname/index.html* auf.

Wie finde ich das Onlinealbum im Organizer?

Gar nicht, denn es wird im Fotobrowser nicht als Datei angezeigt! Vorhanden – und editierbar – ist es natürlich dennoch: Klicken Sie einfach den entsprechenden „Ordner" in der *Alben*-Palette mit der rechten Maustaste an und wählen Sie aus dem Kontextmenü *bearbeiten* bzw. das entsprechende Symbol, siehe Schritt 5. Sie können dann ein neues Projekt daraus generieren.

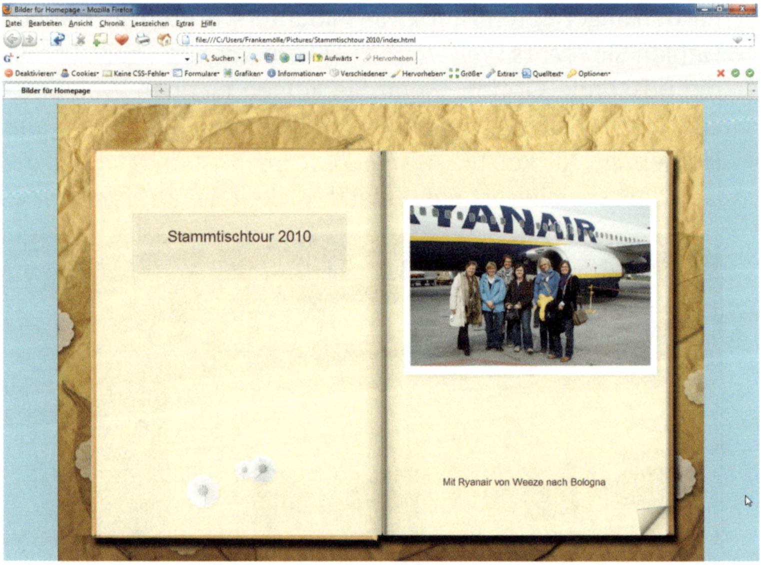

Onlinealbum: Geht's auch ohne Webspace?

Eigener Speicherplatz im Web und ein FTP-Programm sind Grundvoraussetzungen, damit das Veröffentlichen im Internet nach obiger Anleitung funktioniert. Können Sie damit nicht aufwarten, bietet Ihnen Photoshop Elements auf der Startseite des Galerie-Assistenten zwei weitere Verfahren an:

- *Photoshop Showcase* (*www.photoshopshowcase.com*) ist ein Adobe-Internetprojekt, auf dem Sie Ihre Bildsammlungen ablegen und einem beliebigen Besucherkreis (offen, eingeschränkt, nur auf Einladung) zugänglich machen können. Von Ihnen als Betreiber werden eine Registrierung und persönliche Angaben verlangt, die Nutzung ist (derzeit) kostenlos.

- Über *Auf CD/DVD exportieren* schreiben Sie Ihr Projekt auf eine Silberscheibe, die sich im Vollbildmodus auf einem Computer wiedergeben lässt.

Onlinealben: Layouts für jeden Geschmack

Die Onlinegalerielösung von Photoshop Elements kommt mit zahlreichen Gestaltungsmustern daher. Sie finden die Vorlagen auf der *Weitergabe*-Seite eines Albums (siehe Schritt 7 der vorherigen Anleitung auf Seite 140). Zu den interessantesten Layouts gehören:

Spiegelung: Die Bilder werden unter der Detailansicht angeordnet und lassen sich mit der Maus „nach vorne“ holen. Ähnlich funktioniert **Gleiten**.

Beim **Comic-Heft** und **Diarahmen** werden die Motive in kleinen Rahmen angeordnet. Fügen Sie Ihren Motiven Beschriftungen hinzu, um eine richtige Geschichte zu erzählen.

Hochzeit ist ein Album im romantischen Stil und mit blätterbaren Seiten. **Baby** passt ebenfalls für familiäre Anlässe.

Autotour (rechts Mitte) wartet mit bewegter Kulisse auf. **Wochenschau** bringt Klaviermusik und das Geräusch eines Filmprojektors mit. Auch bei **Superstar** gibt es Audio-Untermalung, wenn Ihre Fotos als Rockkonzert-Kulisse erscheinen.

Alte Landkarte wartet mit Sepiaeffekten auf, bei **Reise um die Welt** (rechts) lassen sich bis zu fünf Orte auf einer Weltkarte markieren und mit den passenden Motiven bestücken. Dazu klicken Sie auf den Balken *Pin-Optionen*.

Webgalerien – es geht nicht ohne Flash

Beachten Sie, dass für die Anzeige der Onlinegalerien bei Ihnen – und beim späteren Betrachter im Internet! – eine aktuelle Version des Flash-Players von Adobe vorhanden sein muss. Das ist ohnehin bei den meisten Benutzern der Fall – und falls nicht, erhalten diese die Aufforderung, Flash „nachzurüsten".

Fotos bei Twitter oder Facebook veröffentlichen

Wer braucht noch eine Homepage mit Bildergalerien, wo es doch Facebook, Twitter und Co. gibt? Das hat sich offensichtlich auch Adobe gedacht. Folgerichtig wurde die Funktion der Onlinealben (siehe Abschnitt oben) zusammengestrichen, stattdessen aber die Anbindung an Webdienste vereinfacht.

So stellen Sie Ihre Bilder bei Facebook ein:

1 Bereiten Sie Ihre für Facebook bestimmten Bilder vor, indem Sie sie im Organizer oder Editor passend beschneiden, Belichtung, Farb- und Tonwerte korrigieren und Bildtitel hinzufügen.

2 Markieren Sie im Organizer alle Motive, die Sie veröffentlichen wollen, und klicken Sie im Menü *Weiterg.* auf den Punkt *Share to Facebook*.

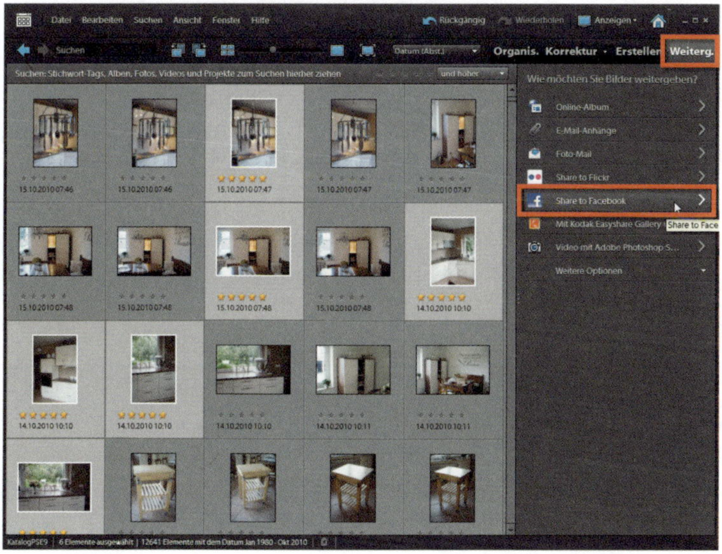

3 Das Programm bereitet Ihre Daten vor (es komprimiert Ihre Bilder zu passender Dateigröße) und leitet Sie bei der ersten Verwendung der Funktion weiter zu Facebook, wo Sie die Datenübernahme mit einem Klick auf *Zulassen* bestätigen müssen:

4 Zurück in Photoshop Elements ergänzen Sie weitere Aufnahmen oder löschen sie (1), bevor Sie bei 2 vorgeben, ob Sie ein bestehendes Album auffüllen (oben) oder ein neues Album (unten) erstellen. Tippen Sie Titel und Beschreibung ein, bevor Sie bei 3 festlegen, wer die Sammlung überhaupt sehen darf: Jeder (*Everyone*), Freunde von Freunden (*Friends of friends*) oder nur Freunde (*Friends Only*). Bestätigen Sie mit *Upload*.

Der Foto-Upload zu Flickr

... funktioniert genauso wie zu Facebook: Fotos vorbereiten und beschriften, im Organizer markieren, Datenaustausch mit Flickr im Browser autorisieren und veröffentlichen.

„Sie haben Post": Foto-E-Mail mit schönem Hintergrund

Wenn Sie beim Sichten Ihrer Fotos ein hübsches Motiv sehen, das die Cousine in Berlin oder den Kollegen in Südafrika interessieren könnte, schicken Sie es mit dem eingebauten „Maildienst" von Photoshop Elements ganz unkompliziert weiter:

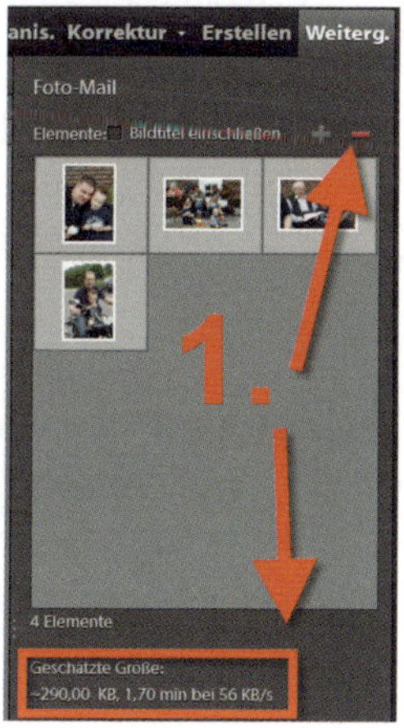

1 Befinden Sie sich innerhalb des Organizers, markieren Sie per Mausklick das oder die gewünschten Motive und wählen im Palettenbereich oben rechts den Befehl *Weiterg./Foto-Mail*. Im Fenster *Foto-Mail* sehen Sie anschließend Ihre markierten Bilder. Achten Sie darauf, dass die Dateigröße (1, ablesbar unter dem Fenster) nicht zu groß wird, damit die Übertragung der Mail nicht übermäßig Zeit in Anspruch nimmt – entfernen Sie gege-

benenfalls per Minuszeichen oben Aufnahmen, bevor Sie mir *Weiter* ganz unten bestätigen.

Foto-Mail aus dem Editor heraus versenden?

Auch aus dem Editor (Palette *Weitergabe*) heraus lassen sich die Funktionen *Foto-Mail* und *E-Mail-Anhang* starten. Die eigentliche Verarbeitung der gerade geöffneten Bilder findet aber im Organizer statt, der sich automatisch öffnet.

2 Schreiben Sie nun eine Mitteilung an den Empfänger (1) und klicken Sie auf dessen E-Mail-Adresse (2). Vermutlich aber ist dieses Feld bei Ihnen noch leer – Sie müssen Ihre Kontaktdaten erst einmal einlesen. Das geschieht über einen Klick auf das Kontaktsymbol und *Importieren* oder *Neuer Kontakt* im nächsten Fenster. Haben Sie die Zieladresse angeklickt, bestätigen Sie mit *Weiter*.

3 Die von Photoshop erstellte Mail können Sie im Fenster *Briefpapier- und Layoutassistent* verschönern. Im ersten Schritt suchen Sie über die Drop-down-Liste links (1) ein passendes Hintergrundmotiv aus und bestätigen mit *Nächster Schritt*.

4 Bei den Layouteinstellungen geben Sie die *Fotogröße* (1) und deren Anordnung (2) vor. Wichtig: Stellen Sie bei *Text* (3) die richtige Farbe ein – auf dunklem Hintergrund verwenden Sie am besten weißen Text und nicht das Standard-Schwarz! Regeln Sie (falls gewünscht) die Breiten und Farben der Bilderrahmen nach (4) und bestätigen Sie mit *Weiter*.

5 Damit die Mail versendet wird, müssen Sie einmalig beim Adobe E-Mail-Service Ihre Absender-Mailadresse bestätigen. Ist das erledigt, reicht zukünftig ein Klick zum Verschicken.

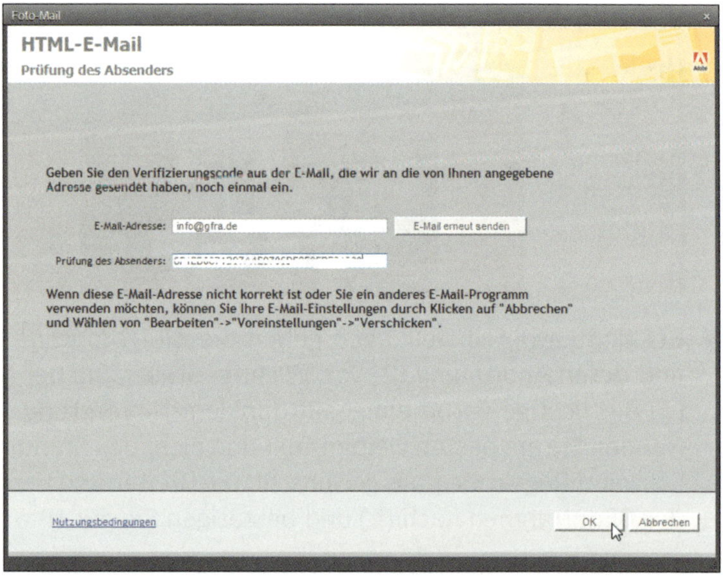

Die Schlichtlösung: Fotos als E-Mail-Anhang senden

Wenn es nicht auf grafische Gestaltung ankommt, sondern auf gut komprimierte, schnell zu versendende Motive, wählen Sie *Weitergabe/E-Mail-Anhänge*. Das funktioniert fast genauso wie die Foto-Mail, nur dass Auswahl von Hintergrund und Layout entfallen. Stattdessen können Sie genauer vorgeben, wie stark Ihre Bilder „klein gerechnet" werden.

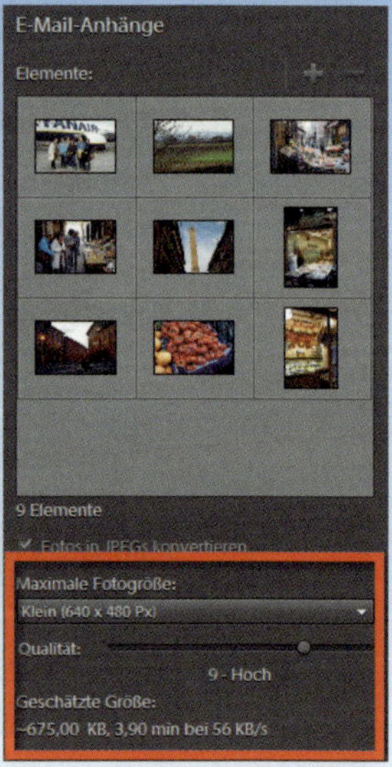

6. Auf die Schnelle: die besten Tipps und Tricks zu Photoshop Elements 9

Kontaktabzüge aus der Organizer-Ansicht drucken

Möchten Sie Ihre Freunde einige Ihrer Bilder bestellen lassen? Dann drucken Sie die Motive als Kontaktabzug auf normalem Papier aus, auf dem jeder seine Nachbestellung notieren kann:

1 Markieren Sie mit Mausklicks und gedrückter Strg-Taste im Fotobrowser alle Bilder, die Sie in den Kontaktabzug aufnehmen möchten. Wählen Sie anschließend im Menü den Befehl *Datei/Drucken*.

2 Im Fenster *Fotos drucken* stellen Sie die Abzugsart auf *Kontaktabzug* um. Darunter bei *Layout auswählen* geben Sie vor, wie viele Miniaturen nebeneinander angeordnet werden sollen – je mehr, desto kleiner werden die einzelnen Thumbnails natürlich. Bestätigen Sie mit *Drucken*.

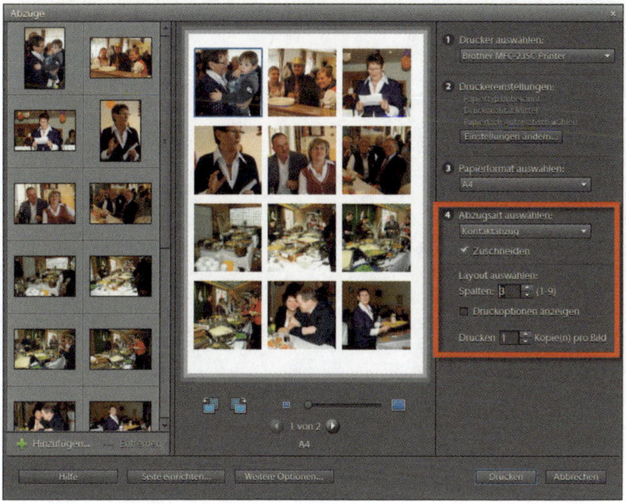

Mehrere Fotos auf einmal bearbeiten

So lässt sich Zeit sparen: Wenden Sie Korrekturen und Befehle gleich auf mehrere Dateien an. So lassen sich zum Beispiel aus einem ganzen Bilderordner die passenden Vorschaubildchen (Thumbnails) erzeugen oder sich sämtliche importierten Dateien mit Kopierschutz versehen.

1 Klicken Sie im Editor *Datei/Mehrere Dateien verarbeiten* an und bestimmen Sie zunächst bei **1**, ob Sie die gerade geöffneten Dateien, den Inhalt eines Ordners auf der Festplatte oder die von einer angeschlossenen Digitalkamera importierten Dateien verarbeiten wollen. Wichtig ist, dass Sie bei *Ziel* ein anderes Verzeichnis eintragen als das originale – sonst werden Ihre Bilder überschrieben, es sei denn, Sie benennen sie bei **2** um oder vergeben eine Zusatzsilbe.

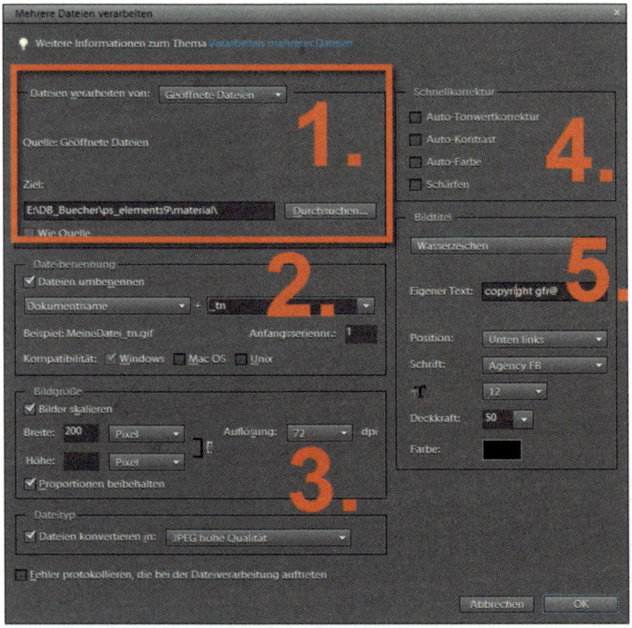

2 Falls Sie Ihre Fotos auf einheitliche Größe bringen wollen, geben Sie bei 3 die Ausmaße vor. Bei 4 können Sie Korrekturen ablaufen lassen, bei 5 Bildtitel oder Wasserzeichen aufbringen, bevor Sie mit *OK* bestätigen.

Eingelesene Fotos als Diashow betrachten

Hinter der Taste F11 verbirgt sich die bequemste Art, innerhalb des Organizers Ihre Fotos zu betrachten: die Vollbildansicht. Klicken Sie dort in der Bedienleiste unten auf das Werkzeugsymbol (1) und legen Sie im Optionenfenster (2) fest, wie lange jedes Bild gezeigt wird und ob die Präsentation automatisch abgespielt werden soll.

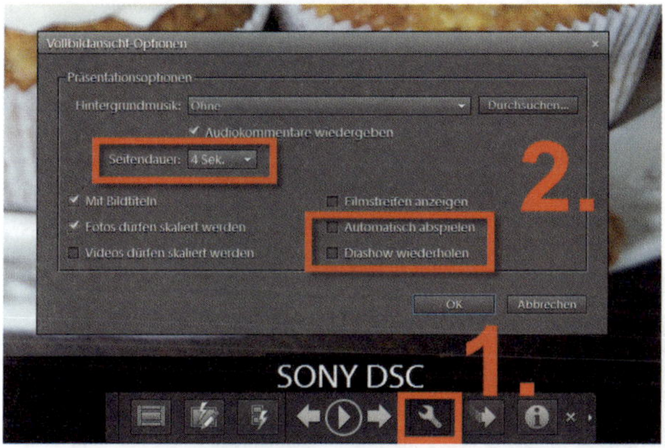

Nach einem Klick auf *OK* startet die Diashow, die Sie mit der Taste Esc jederzeit abbrechen können.

Auf direktem Weg: Papierbilder bestellen

Adobe kooperiert mit Kodakgallery Deutschland. Wenn Sie im Editor oder Organizer also *Datei/Abzüge bestellen* wählen, landen Sie automatisch dort. Andere Anbieter lassen sich aus

Photoshop Elements nicht ansteuern. Möchten Sie Ihre Kreationen bei der Konkurrenz auf Papier abziehen lassen, müssen Sie andere Wege gehen:

- Brennen Sie Ihre Bilder, Albumseiten oder Collagen auf CD (siehe Seite 44) und nehmen Sie die Silberscheibe mit zum Fotofachgeschäft. Dabei sind Sie mit dem JPG-Format (mit maximaler Qualitätsstufe) auf der sicheren Seite.
- Surfen Sie zur Internetseite eines Onlinelabors und laden Sie dort Ihre Wunschmotive hoch.
- Installieren Sie die Upload-Software eines Onlinefotodienstes und übertragen Sie damit Ihre in Photoshop Elements bearbeiteten und anschließend gespeicherten Bilder zum Labor.

Meins bleibt meins: Copyright auf Fotos anbringen

Bilderklau ist leider ein heißes Thema, wenn Sie Fotos im Internet veröffentlichen. Um Datendieben das Leben schwer zu machen, aber gleichzeitig Betrachter nicht zu vergraulen, versehen Sie Ihre Aufnahmen mit einem halbtransparenten Wasserzeichen.

1 Erstellen Sie im Editor mit *Datei/Neu* ein leeres Bild von 800 Pixeln Breite und 300 Pixeln Höhe. Wählen Sie das Text-Werkzeug und schreiben Sie mit einer fetten Schrift und ausreichender Textgröße schwarz auf weiß Ihren Copyright-Text.

2 Damit der Schriftzug unregelmäßiger erscheint (und damit schwerer zu entfernen ist), öffnen Sie die Palette *Effekte/Filter/Vergröberungsfilter* und ziehen die Miniatur *Mezzotint* auf Ihren Text. Die Information darüber, dass Photoshop Ihre Textebene dabei vereinfacht, können Sie bejahen – Sie müssen die einzelnen Buchstaben sowieso nicht mehr bearbeiten.

3 Um aus der Schrift einen Pinsel bzw. Stempel zu machen, wählen Sie im Menü *Bearbeiten/Pinsel definieren* und geben Ihrem Werk einen Namen.

4 Und so bringen Sie den Pinsel auf: Öffnen Sie im Editor ein Bild, das Sie schützen wollen. Wählen Sie das Pinsel-Werkzeug (1) und oben in der Drop-down-Liste über dem Arbeitsfenster Ihren gerade angelegten Pinsel (2). Stellen Sie den Modus *Hartes Licht*, eine reichlich bemessene Pinselgröße und eine Deckkraft von etwa 50 Prozent ein. Damit stempeln Sie Ihren Hinweis auf das Bildmotiv – fertig. Achtung: Speichern Sie das Bild anschließend unbedingt unter einem neuen Namen über *Datei/Speichern unter*, sonst haben Sie Ihr Original unrettbar überschrieben!

Stichwortverzeichnis

E

F

G

H